essentials

Essentials liefern aktuelles Wissen in konzentrierter Form. Die Essenz dessen, worauf es als „State-of-the-Art" in der gegenwärtigen Fachdiskussion oder in der Praxis ankommt. Essentials informieren schnell, unkompliziert und verständlich

- als Einführung in ein aktuelles Thema aus Ihrem Fachgebiet
- als Einstieg in ein für Sie noch unbekanntes Themenfeld
- als Einblick, um zum Thema mitreden zu können.

Die Bücher in elektronischer und gedruckter Form bringen das Expertenwissen von Springer-Fachautoren kompakt zur Darstellung. Sie sind besonders für die Nutzung als eBook auf Tablet-PCs, eBook-Readern und Smartphones geeignet.

Essentials: Wissensbausteine aus Wirtschaft und Gesellschaft, Medizin, Psychologie und Gesundheitsberufen, Technik und Naturwissenschaften. Von renommierten Autoren der Verlagsmarken Springer Gabler, Springer VS, Springer Medizin, Springer Spektrum, Springer Vieweg und Springer Psychologie.

Doris Ohnesorge · Rudolf Engelbert Fitz

Wertorientierung und Sinnentfaltung im Coaching

Vorgehen und Praxisbeispiele nach dem St. Galler Coaching Modell®

Doris Ohnesorge
Schwaz
Österreich

Rudolf Engelbert Fitz
Rebstein SG
Schweiz

ISSN 2197-6708 ISSN 2197-6716 (electronic)
essentials
ISBN 978-3-658-07661-0 ISBN 978-3-658-07662-7 (Ebook)
DOI 10.1007/978-3-658-07662-7

Die Deutsche Nationalbibliothek verzeichnet diese Publikation in der Deutschen Nationalbibliografie; detaillierte bibliografische Daten sind im Internet über http://dnb.d-nb.de abrufbar.

Springer
© Springer Fachmedien Wiesbaden 2014
Das Werk einschließlich aller seiner Teile ist urheberrechtlich geschützt. Jede Verwertung, die nicht ausdrücklich vom Urheberrechtsgesetz zugelassen ist, bedarf der vorherigen Zustimmung des Verlags. Das gilt insbesondere für Vervielfältigungen, Bearbeitungen, Übersetzungen, Mikroverfilmungen und die Einspeicherung und Verarbeitung in elektronischen Systemen.
Die Wiedergabe von Gebrauchsnamen, Handelsnamen, Warenbezeichnungen usw. in diesem Werk berechtigt auch ohne besondere Kennzeichnung nicht zu der Annahme, dass solche Namen im Sinne der Warenzeichen- und Markenschutz-Gesetzgebung als frei zu betrachten wären und daher von jedermann benutzt werden dürften.
Der Verlag, die Autoren und die Herausgeber gehen davon aus, dass die Angaben und Informationen in diesem Werk zum Zeitpunkt der Veröffentlichung vollständig und korrekt sind. Weder der Verlag noch die Autoren oder die Herausgeber übernehmen, ausdrücklich oder implizit, Gewähr für den Inhalt des Werkes, etwaige Fehler oder Äußerungen.

Grafikerstellung: Nicolas Fitz, CoachAkademieSchweiz GmbH

Gedruckt auf säurefreiem und chlorfrei gebleichtem Papier

Springer Fachmedien Wiesbaden ist Teil der Fachverlagsgruppe Springer Science+Business Media (www.springer.com)

Was Sie in diesem Essential finden können

- Die Bedeutung des Zusammenhangs zwischen Veränderung, Wertausrichtung und Sinngebung
- Das Aufzeigen von Faktoren für Nachhaltigkeit im Kontext Coaching, Beratung und Führung
- Die Darstellung einer wertorientierten Coaching-Ausrichtung
- Das Sichtbarmachen von Aspekten, was Menschen wirklich und langfristig vorantreibt
- Die Anwendung des wertorientierten Coaching-Verfahrens in der Praxis

Einleitung

Durch den dauerhaften Druck der Wirtschaft und Gesellschaft nach mehr Leistung und Effizienz im Berufs- und Alltagsleben, das „alles unter einen Hut bringen müssen", verblasst unsere Fähigkeit der Selbstwahrnehmung, körperlich wie seelisch, zunehmend. Ein weiteres Phänomen zeigt sich in der Wichtigkeit der Repräsentation des Erreichten, des Erfolges, nach außen. Zum einen erfolgt diese durch Statussymbole, zum anderen durch die Ausübung und das Leben von Superlativen, wie z. B. Extremsportarten, Luxusobjekte oder Luxusurlaube. Wir neigen dazu, Befriedigung im außen zu suchen, ohne darüber in unserem Inneren zu reflektieren. Darunter leiden sowohl berufliche als auch private Beziehungsmodelle und gewinnen an Brisanz, wenn unvorhergesehene Ereignisse, wie z. b. der Verlust des Arbeitsplatzes oder eines geliebten Menschen in unser Leben treten. Wir realisieren in unterschiedlichen Lebensabschnitten oder tiefgreifenden Veränderungen im privaten oder beruflichen Kontext, dass Möglichkeiten und Chancen bereits verpasst und das Leben endlich ist. Diese Erfahrungen können die Basis für die eigene Sinnsuche sein. Eine Rückbesinnung und Hinwendung auf das Selbst.

David G. Blanchflower und Andrew Oswald (2007) haben in ihren Untersuchungen zum Wohlbefinden im Leben von ca. 500.000 Europäern und Amerikanern herausgefunden, dass der Lebenszyklus eine U-Kurve aufweist. Der Tiefpunkt dieser Kurve wird zwischen dem 45. und 50. Lebensjahr erreicht. Begrifflich wird dieses Phänomen auf Untersuchungen von Elliott Jaques (1965) zurückgeführt, welcher den Begriff „Midlife-Crisis" prägte und durch weitere Studien von Gail Sheehy (1982) Verbreitung fand. In diesen Situationen suchen Menschen nach Halt, nach Unterstützung, um eine subjektiv wahrgenommene notwendige Veränderung vorzunehmen. Wie kann nachhaltige Veränderung gelingen und wie kann das Selbst respektvoll wahrgenommen und reflektiert werden?

Coaching ist eine Möglichkeit, diese Lebens- und Umbruchssituationen zu begleiten. Im privaten als auch beruflichen Zusammenhang wird der Begriff Coaching für viele, meist unterschiedliche Anwendungsfelder verwendet. So z. B. im wirtschaftlichen, sportlichen, sozialen, pädagogischen, politischen und privaten Kontext. Dabei gibt es vielzählige Verfahren, wie Menschen in ihrer Entwicklung und Veränderung begleitet werden können. Für die vorliegende Arbeit haben wir jene Verfahren ausgewählt, welche entweder wissenschaftlich validiert oder wertorientiert sind. Im deutschsprachigen Raum gibt es derzeit vier Coaching-Verfahren, die wissenschaftlich validiert sind. Dazu zählen das Freiburger Coaching Modell (Behrendt 2012), das 5-dimensionale systemische St. Galler Coaching Modell® (Fitz 2013), das Züricher Ressourcenmodell (Storch 2009; Meier und Storch 2013) und die kompetenzorientierte Laufbahnberatung (Erpenbeck 2003; Lang-von Wins und Triebel 2006, 2011). Dem Großteil der Coaching-Vorgehensweisen ist gemeinsam, dass sie primär zielorientiert sind. Zu den wertorientierten Verfahren zählen die wertorientierte Persönlichkeitsbildung – WOP® und Wertimaginationen (Böschemeyer 2013) und das 5-dimensionale systemische St. Galler Coaching Modell® (Fitz 2013).

In der Praxis hat sich gezeigt, dass sich bei Coaching-Themen vielfach in der Tiefe „Sinnfragen" zeigen. Und zwar dort, wo wesentliche Werte eines Menschen verletzt oder nicht erfüllt und entwickelt sind. So gilt es die Frage zu klären, was Werte und Sinnentfaltung denn überhaupt sind und ob sich dies durch ein Coaching realisieren lässt.

Inhaltsverzeichnis

1 Wertorientierung und Sinnentfaltung 1

2 Wertentwicklung im St. Galler Coaching Modell® 5
   2.1 Die Dimension der Spiritualität 7
   2.2 Die Dimension der Zeitstrukturen 10
   2.3 Die Dimension der Tiefenstrukturen 12
   2.4 Die Dimension des Problem- und Entwicklungsraums 14
   2.5 Die Dimension des Wertes im Kontext und Zielraum 15

3 Praxisbeispiel 1: „Gelassenheit" 19
   3.1 Dimension 1 – der Ziel-Raum: „entspannt arbeiten" 20
   3.2 Dimension 2 – der Problemraum 23
   3.3 Dimension 3 – Tiefenstrukturen 25
   3.4 Dimension 4 – die Arbeit auf der Time-Line 27
   3.5 Dimension 5 – Die Spiritualität 29

4 Praxisbeispiel 2: „Sinn finden" 33

5 Fazit 37

Was Sie aus diesem Essential mitnehmen können 39

Literatur 41

Wertorientierung und Sinnentfaltung 1

Werte stellen die eigentliche Basis von Veränderungen dar und haben Bedeutung für die Nachhaltigkeit der Neuorientierung, da sie unser gesamtes menschliches Verhalten steuern (James und Woodsmall 2012, S. 151 ff.). Werte werden als Begriff, als Nominalisierung ausgedrückt, wie z. B. Freude, Vertrauen, Zufriedenheit, Gelassenheit, Heimat, Ruhe, Familie, etc. Besonders während der kindlichen Entwicklungs- und Prägephasen gab es möglicherweise eine Reihe von Erfahrungen, Verletzungen oder Prägungen, die uns in der Wertentwicklung beeinflusst haben (Erikson 1973). Diese Zusammenschau von Wertentwicklungen und Wertverletzungen ergibt das Wertesystem eines Menschen. Das Wertesystem wiederum ist teils selbst geformt, teils übernommen von Eltern, der Gesellschaft, der Schule und religiösen und spirituellen Einflüssen und lenkt unsere Einschätzung und Beurteilung der Welt. Unbewusst ordnet das Gehirn Werte in eine Hierarchieordnung. Wird eine Situation vom Menschen bewertet, werden zuerst Werte der höheren Hierarchiestufe aufgesucht (James und Woodsmall 2012, S. 152). Höhere Werte können beispielsweise sein: Sinn, Sein, Dasein, Leben und Zugehörigkeit. Verändern sich einzelne Werte, ändert sich das Wertesystem im Hinblick auf die Beziehung zwischen den Werten innerhalb des Systems, als auch die Hierarchie dieser Werte zueinander.

Eine Wertorientierung rückt vielfach in den Hintergrund, weil Ziele attraktiver und schneller erreichbar scheinen. Wenden wir uns jedoch Sinnfragen zu, so wenden wir uns zeitgleich unseren inneren Werten zu, welche uns, meist unbewusst, steuern. Was Sinn an sich jedoch ist, lässt sich nur auf einer subjektiv erfahrbaren Ebene erfassen. Vielmehr geht es um die Frage, ob es Sinnerfahrungen sind, welche dem Leben und unser Sein eine Sinnentfaltung geben. Welche Erfahrungen führen zum Sinn oder in eine Annäherung davon? So könnte ein Wert, der in einem Coaching vermehrt oder entwickelt wird, z. B. Vertrauen im Kontext Mitarbeiter, in eine Sinnerfahrung führen. Diese Wertenwicklung kann beispielsweise eine Öffnung der Führungskraft gegenüber den Mitarbeitern bewirken, was zu einer klaren Führung beiträgt. Dies wiederum bietet Sicherheit und Gestaltungsfreiheit innerhalb des Teams der Mitarbeiter, so dass eine Sinnerfahrung in Form von „Zugehörigkeit" auf beiden Seiten erfahrbar wird.

Die weiterführende Frage ist, ob es hinter oder tiefer in dieser Sinnerfahrung noch einen weiteren Sinn gibt, den Sinn vom Sinn, einen so genannten Meta-Sinn. Aus unserer Sicht gibt es ihn. Dieser Sinn ist jener, welcher in der Tiefe des Selbst verankert ist. Es ist dies die Rückkehr zum Kern, zur Quelle, der tiefste Sinn unseres Daseins. Es ist also die Hinwendung zu unserem Selbst, das den tiefsten Sinn entfalten lässt. Und in dieser Hinwendung übernehmen wir die Verantwortung über uns selbst. Martin Buber (1996, S. 11 ff.) beschreibt, dass der Ausgangspunkt für den Beginn des Weges im Leben das Eingeständnis ist: „Ich habe mich versteckt" vor Gott und deshalb vor mir selbst. Der Begriff „Gott" ist für uns umfassend und für jeden Menschen subjektiv unterschiedlich erfahrbar zu verstehen. So kann „Gott" z. B. Quelle, Licht, Allah, Buddha, Kraft, Kern, etc. bedeuten.

Als Metapher sind wir mit einem unvollkommenen Körper geboren worden, welcher Licht- als auch Schattenseiten beinhaltet. Wir haben Aufgaben übernommen und dunkle Seiten erfahren. Es gilt, den Weg der Bewährung mit diesem unvollkommenen Körper zu überwinden durch eine tiefe Annahme des Selbst. Es ist eine Eins-Werdung mit dem göttlichen Teil, dem Kern, der Quelle, im Selbst. Aus dieser Betrachtung heraus haben Probleme die Funktion, dass wir an ihnen zugrunde gehen können. Zugrunde gehen in diesem Zusammenhang meint, dass es eine Hinzu-Bewegung, nämlich das „Gehen" zum Kern, zum Grunde, zum Göttlichen bedeutet: durch die Erfahrung hindurch gehen, auch wenn diese unangenehm und verletzend war, um sich in die Hände Gottes fallen zu lassen. Diese Erschütterungen sind zeitgleich auch der Nährboden für Weiterentwicklung und Wachstum. Das bewusste Hinsehen steht jedoch im Gegensatz zum Wunsch einer Weg-von-Bewegung von Problemen oder den Schattenseiten unseres menschlichen Daseins. Eine Entwicklung von sozialen Eigenschaften mit dem Ziel, ein von etwas „zu wenig" zu vermehren, wie z. B. Erfolg, Karriere, Selbstbewusstsein, etc., wirkt oft nicht in der Tiefe der Persönlichkeit. In der Coaching-Praxis werden daher häufig Selbst-Themen gewählt, die eine scheinbare Stärkung und Entspanntheit versprechen. Ein höheres Selbstbewusstsein, Selbstwert, Selbsterkenntnis, ebenso Werte wie z. B. Ruhe, Gelassenheit oder Disziplin beantworten den Sinn möglicherweise nicht. Diese Entwicklung kann sogar kontraproduktiv wirken, weil die Wertentwicklung wenig nützt, wenn wir in der Ego-Stärkung hängen bleiben. Eine

1 Wertorientierung und Sinnentfaltung

Sinnentfaltung im Coaching meint etwas Tieferes, ein Geheimnis, dem wir uns annähern können. Wenden wir uns in der Tiefe einer Öffnung zu uns selbst zu, in die tiefste Tiefe, dann gelangen wir auf eine andere Ebene, welche eine Stärkung aus uns selbst heraus erlaubt. So könnte eine Wertausrichtung des Menschen dazu führen, Sinn zu entfalten. Nach Viktor Frankl (1996, S. 202; 2012) kann Sinn auf drei Wegen gefunden werden. Der erste Weg ist etwas zu tun oder zu schaffen, der zweite etwas zu erleben und zu lieben und der dritte Weg, auch in einer hoffnungslosen Situation unter Umständen einen Sinn zu finden. Allen gemeinsam ist die Haltung und Einstellung diesen Situationen gegenüber und die Fähigkeit, dieses Leiden in eine Leistung umzugestalten. Wie kann diese Umgestaltung nun ermöglicht und begleitet werden?

Wenn, wie oben dargestellt, es einen Meta-Sinn gibt, so führen wir in Analogie den Begriff Meta-Wert ein. Davon ausgehend, dass eine Werte-Hierarchie den Menschen steuert, stellt sich die Frage nach dem höchsten Wert. Und ist dieser universell, folglich unabhängig von Alter, Geschlecht, Herkunft, Kultur, Gesellschaft und Religionszugehörigkeit?

Der tiefste Sinn des Lebens an sich, und damit der höchste Wert, den der Mensch entwickeln kann, ist aus Sicht der Autoren das „Eins-Sein" mit seinem Kern, seinem Urgrund, seiner Seele, seinem tiefsten Selbst. Die Rückverbindung zum im Menschen immanenten „Göttlichen Teil" oder wie es Meister Eckhart ausgedrückt hat: „Die Seele trägt das göttliche Bild und ist Gott gleich. […] Dort [in der Seele] begreift Gott Gott und zeugt Gott sich selbst in der Seele und bildet sich nach ihm (Wilde 2000, S. 183). In den Werken von Theresa von Avila, Ignatius von Loyola und Johannes vom Kreuz (Sommer 2013) wird ebenfalls betont, dass die größte Aufgabe im Leben ist, den Zustand der Vereinigung mit Gott wieder herzustellen.

Im Sinne von Frankl (2012, S. 27) kann Sinn „nicht gegeben, sondern muss gefunden werden." Im Zeitverlauf des menschlichen Daseins führt die Hinwendung zum tiefsten Selbst in der Wertentwicklung zum nächsten höheren Wert, bis eine Erkenntnis zum höchsten Wert geschieht. Nach Frankl kann „bloßes Überleben" (ibid.) nicht der höchste Wert sein. „Mensch sein heißt immer schon ausgerichtet und hingeordnet sein auf etwas oder jemanden, hingegeben sein an ein Werk, dem sich der Mensch widmet, an einen Menschen, den er liebt, oder an Gott, dem er dient." (Frankl 2007, S. 54).

Eine mögliche Begleitung zur Weiter- und Höherentwicklung von Werten ist das 5-dimensionale St. Galler Coaching Modell®, welches im folgenden Kapitel vorgestellt wird.

Wertentwicklung im St. Galler Coaching Modell® 2

Das von einem der Autoren, Rudolf E. Fitz, entwickelte 5-dimensionale St. Galler Coaching Modell® (siehe Abb. 2.1) ist ein wertorientiertes Verfahren zur Höher- und Weiterentwicklung von Werten. Die Annahme im St. Galler Coaching Modell® ist, dass Menschen Werte entfalten oder Wertverletzungen vermeiden wollen und dass diese Dynamik in unserem Unbewussten wirkt.

Zur Berücksichtigung der notwendigen Elemente in der Wertentwicklung ist das Modell systemisch ausgerichtet. Basis dafür ist das St. Galler Aufstellungs-Modell® (Fitz 2014), mit welchem die systemrelevanten Strukturen erkennbar werden. Dabei sind die Beziehungen zwischen den Elementen wesentlich. Sobald sich ein Element in diesem System verändert, passt sich das Gesamtsystem dieser Veränderung an.

Die systemische Prozessarbeit im Modell besteht aus festgelegten Verfahrensweisen, die es ermöglichen, alle relevanten Dynamiken in Bezug auf das Thema, den Wert, das Ziel und das Problem, in die Veränderung einzubeziehen (siehe Abb. 2.1).

Erst durch die Integration dieser Wirkkräfte kann eine nachhaltige Veränderung stattfinden. Dabei steht im Vordergrund, einen „Blick für das ganze System" zu erhalten, komplexe Strukturen abzubilden und entsprechend einem Lösungsentwurf zu zuführen. Das Modell umfasst 45 Einzelschritte und befähigt, Werte und Ziele für sich und andere systemisch korrekt zu entwerfen und umzusetzen.

Die Leistung von Rudolf E. Fitz in der 5-jährigen Entwicklung des St. Galler Coaching Modells® besteht darin, dass Prozesse so kombiniert werden, dass sie Schritt für Schritt im Coaching-Prozess angewendet werden können und diese aus

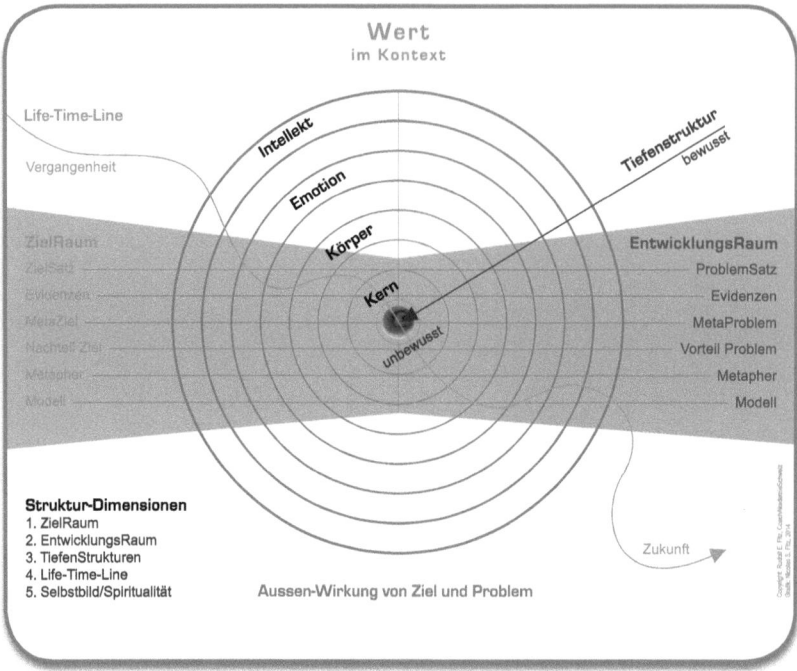

Abb. 2.1 Das 5-dimensionale St. Galler Coaching Modell®. (Fitz 2013)

sich heraus wirken. Die Prozesskombinationen wurden und werden in der Anwendung getestet, angepasst, erneut angewendet und adaptiert. Dabei wird versucht, folgende Frage zu beantworten: „Welche Vorgehensweise in welcher Kombination wirkt und das nachhaltig im Coaching?" Dem Modell liegen hauptsächlich Gedanken des Mitbegründers der kybernetischen Wissenschaft, Heinz von Förster (Von Foerster und Von Glaserfeld 1992; Von Foerster et al. 1999), sowie des Neurobiologen Humberto Maturana (1985), zugrunde. Unterstützt wurde die Entwicklung des Modells durch Arbeiten des Hypnotherapeuten Milton Erickson (1995, 1996; Erickson et al. 1994). Gedanken zur Arbeit mit Metaphern (Gordon 1996) und dem sozialen Panorama (Derks 2012) sowie Arbeiten von Hellinger (1994, 2010) und Erb (2001) fließen ebenso in das Modell ein. Beeinflusst wurde die Entwicklung auch durch Beiträge des Schweizer Tiefenpsychologen Carl Gustav Jung (1984, 1986) und den Kommunikations- und Lerntechniken der Entwickler des Neurolinguistischen Programmierens von Bandler und Grinder (1986; Grinder und Bandler 1995; Dilts 1991). Die Entwicklung basiert auch auf Werken und Arbeiten von Virginia Satir (2000), Martina Schmidt-Tanger (1998) und Bernd Isert (Isert und Rentel 2000).

Das Ergebnis der Entwicklungsphase ist eine planmäßige, vorgegebene, konsequente und in sich geschlossene Vorgehensweise, wie diese Prozesse anwendbar sind und nachhaltig wirken. Die Prozesse sind wiederholbar und kontextunabhängig einsetzbar. Die Wirksamkeit des Modells wurde validiert und wissenschaftlich bestätigt (Reck-Hog 2011, Schunigl 2014). Ein wesentliches Element ist, dass der Coach nicht überlegen muss, welche Prozesse oder Prozessschritte als nächstes für den Coachee (je nach Kontext kann synonym Klient oder Kunde verwendet werden) „passen" könnten. Die Abfolge der Prozesse ist im Modell vorgegeben und beinhaltet Schritt für Schritt Begleitungen von der ersten Dimension „der Wert im Kontext und Zielraum", der zweiten Dimension „der Problem- und Entwicklungsraum", der dritten Dimension „der Tiefenstrukturen", der vierten Dimension „der Zeitstrukturen" bis zur fünften Dimension „der Spiritualität". In der Praxis beginnt das Coaching mit der ersten Dimension. Da jedoch die Dimension der Spiritualität den Kern und die Integration des Modells darstellt, beginnen wir in unseren Ausführungen mit der umgekehrten Reihenfolge.

2.1 Die Dimension der Spiritualität

Anknüpfend an die transpersonale Psychologie (z. B. Grof 1985; Maslow 1973; Wilber 2009, 2010) ist der Kern des St. Galler Coaching Modells® nach Innen gerichtet, auf die unbewussten Teile im Menschen. Die Hinwendung zum tiefsten Sinn des Lebens, aus Sicht der Autoren das „Eins-Sein" mit seinem Kern, seinem Urgrund und seiner Seele, was wir in der fünften Dimension des St. Galler Coaching Modells® „Kern" oder „Quelle" nennen, beschreibt genau diesen Weg. Und dieser Weg ist in einem Coaching-Prozess verpackt, der es auch nicht-spirituellen Menschen erlaubt, eine diesbezügliche Erfahrung zu machen.

Die Prozesse in der fünften Dimension bewirken eine Gesamtintegration der vorangegangenen vier Dimensionen in der Begleitung des Coachees. „Gott ist also ein Brunnen in uns. Diese inneren Quellen müssen wir finden und immer wieder strömen lassen in das Land unseres Lebens. Wo […] der Geist Gottes den Menschen anrührt, da gerät er über seine Maße hinaus […]" (Delp 2009, S. 63). Diese Aussage beschreibt den Grund der Integration von Spiritualität im St. Galler Coaching Modell®, nämlich beschreibt der Prozess die Möglichkeit, Themen und Probleme an etwas Höheres abzugeben. „In mir gibt es einen ganz tiefen Brunnen. Und darin ist Gott […] und jenes Selbst, das Allertiefste und Allerreichste in mir, in dem ich ruhe […]." (Hillesum 2006, S. 52, S. 176)

Vor der eigentlichen Prozessarbeit in der fünften Dimension, wird der Coachee Schritt für Schritt darauf vorbereitet, in dem die Wahrnehmung des Selbst zuerst „geübt" wird. Eine erste Übung kann die Selbstbildarbeit sein.

Exkurs: Selbstbildarbeit. In Anlehnung an Lucas Derks (2012, S. 44 ff.) wird das soziale Panorama in einem Prozess dem Coachee zugänglich gemacht. Dabei geht Derks (ibid.) davon aus, dass Menschen Objekte im Raum repräsentieren und der Ort in Relation zum eigenen Selbst die Beziehung zu diesem darstellt. Das Selbstbild ist ein unbewusstes, inneres und kontextabhängiges Bild, das sich je nach Situation verändert. Es kann unterstützend und auch blockierend wirken. Jede Veränderung verändert auch die Ressourcen, Wahlmöglichkeiten und birgt in sich neue Fähigkeiten.

Prozessschritte
- Erste Erfahrungen mit sozialen, inneren Bildern erleben und diese zeichnen lassen
- Das soziale Panorama zugänglich machen: Das Prinzip von Verortung und Ausrichtung (in Anlehnung an Derks 2012, S. 45 ff.)
- Veränderung der subjektiven Beziehungserfahrung durch Veränderung der Verortung positiver und negativer Beziehungen
- Transtemporale und kontextuelle Selbstbildarbeit (ibid., S. 89 ff.)
- Anwendung der Selbstbildarbeit in Konfliktsituationen und in der Wertentwicklung

Anknüpfend an die Selbstbildarbeit werden in den nächsten Prozessen des Modells wesentliche Verbindungen geschaffen. Die Prozesse in dieser Dimension erlauben das Annehmen von Verletzungen in der Tiefe der Persönlichkeit. Dabei geht es um die Hinwendung zum „Selbst" und eine Klärung, wie weit das Coaching-Thema einen tieferen Grund hat. Die Frage ist, ob der gewählte Wert und Kontext auch auf Sinnfragen hinweisen, welche mit den Themen Leben, Tod, Sterben, Existenz, das Selbst oder auch Spiritualität zu tun haben. Spiritualität ist „unsere Verbindung zum Universum und die Grundlage unserer Existenz und deshalb wesentlich für den therapeutischen Kontext" (Satir 1990, S. 427). Spiritualität wird im Modell definiert als eine allumfassende Kraft, die durch uns Menschen wirkt. Diese Kraft kann z. B. Quelle, Licht, Gott, Seele, Energie, etc. bedeuten. Kontemplative Elemente, in Form einer inneren Haltung, unterstützen die Prozesse, erleichtert die Öffnung und Erweiterung des Blickwinkels. Zum Abschluss des Coachings wird ein Transfer auf die Körperebene vorgenommen. Dies begründet sich auf dem Verständnis, dass der Körper in den Zellen seine ganz persönliche Geschichte gespeichert hat. Mit diesem Prozess wird der Abschluss des Coachings und eine Gesamtübergabe an das Unbewusste des Coachees rituell begleitet.

2.1 Die Dimension der Spiritualität

Prozessschritte
- Verbindung zum Coachee herstellen und erforschen, wovon dieser im Innersten berührt ist oder an was dieser glaubt, was sein „höheres Selbst" ist, wie z. B. Quelle, Licht, Energie, Gott, Buddha, Allah, Universum, etc.)
- Coachee und Coach öffnen sich für ein transpersonale Erfahrung (leichte Trance anleiten)
- Das Höhere Selbst im Inneren auf 12 Uhr positionieren, diese Verbindung gestalten und das Fließen der Energie zwischen dem Höheren Selbst und dem Coachee ermöglichen
- Einen Kreislauf entstehen lassen und die Dimensionen Ziel- und Problemraum integrieren, die Verbundenheit spüren lassen

Wenn es uns gelingt, einen Zugang zu uns selbst zu schaffen, auf unsere unbewussten Teile, dann ist es möglich, uns selbst zu begegnen und anzunehmen. Oft gibt es auch noch ein weiteres Element, welches uns an der Begegnung mit uns selbst oder der Entwicklung von Werten und Zielen hindert. Es ist dies das Element der Angst. Wenn wir dieses Element ansehen und annehmen, sehen wir hinter der Angst uns selbst stehen. Dieses Annehmen erfolgt im Modell mit der Verbindung zum „Höheren Selbst".

Prozessschritte
- Die Wertverletzung durch Positionierung auf 12 Uhr erkennen
- Den Maximalverlust einer gescheiterten Wertvermehrung identifizieren
- Aus dieser Verlusterfahrung die Angst identifizieren
- Den zugehörigen, alten, oft unbewussten Erfahrungen und Erinnerungen einen Platz geben und diese annehmen
- Den Weg zum Kern gehen und die belastenden Erfahrungen an das „Höhere Selbst", wie z. B. Quelle, Gott, Universum, übergeben
- Den Weg zurückgehen und die Veränderungen wahrnehmen
- Der Wandlung Raum geben ohne Manipulation

2.2 Die Dimension der Zeitstrukturen

Die Dimension der Zeitstrukturen beinhaltet Prozesse zur Arbeit auf der Lebenslinie (Time-Line). Den Prozess der Lebenslinie liegen Ideen der Time-Line-Arbeit aus dem NLP zugrunde (z. B. James und Woodsmall 2012, S. 33 ff.). Ziel des Prozesses „Arbeit auf der Lebenslinie" ist es, das gesamte Material, das sich innerhalb der Dimensionen des Ziel- und Entwicklungsraumes befinden zu aktivieren und einer Lösung zuzuführen. Die Frage hier lautet: „Welche prägenden Erfahrungen aus der Vergangenheit haben zum Ist-Zustand in der Gegenwart geführt und wie kann eine plausible, erwünschte Zukunft determiniert werden?" Im St. Galler Coaching Modell® ist der Zielraum auf die Zukunft gerichtet und der Problemraum auf die Vergangenheit. Das Problem wird als Teil der Lösung gesehen und in dieser erlebten Erfahrung als Quelle von Ressourcen. Der Körper ist die Verbindung zum Jetzt und nur über diesen lassen sich die Gegenwart und damit der Sinn erfahren. Durch diese Neustrukturierung der oft als verletzend erlebten und prägenden Problemerfahrung aus der Vergangenheit kann sich ein neues, unterstützendes Glaubenssystem etablieren, das im Jetzt und der Zukunft neue, positive Verhalten und Fähigkeit generiert.

Damit wir einen Zugang zu den tieferen Gefühlen während des Prozesses erhalten, wird der Coachee an einem Problemgefühl entlang, wie an einer Perlenschnur, in die Vergangenheit geführt (Dilts 2006; James und Woodsmall 2012, S. 32 ff.). Oft ist es uns nicht möglich, konkrete Erinnerungen abzurufen. Allerdings werden die Gefühle und Erfahrungen als so genannte „Gestalten" (Stumpf 1939) abgespeichert, in welchen die Themen häufig wie bei einer Perlenschnur miteinander verbunden sind.

> **Prozessschritte**
> - Auslegen der Bodenanker „Jetzt", „Vergangenheit", „Zukunft" und Assoziation des Coachees mit dem Jetzt
> - Verbindung mit dem Problemelement und dem damit verbundenen Problemgefühl aufnehmen
> - Rückwärts in die Vergangenheit gehen und frühere Problemerfahrungen lokalisieren und schildern lassen. Den Erfahrungen so lange in die Tiefe folgen, bis sich nach der tiefsten oder frühesten Erfahrung, der Prägung, keine weiteren zeigen.
> - Erarbeitung der Negatividentität, Annahmeprozess der inneren Wirklichkeit, Dissoziation der Erfahrung, Ressourcenarbeit in der Prägung, Erarbeitung Posivitidentität

2.2 Die Dimension der Zeitstrukturen

- Die neue Identität im Jetzt anfügen und zukünftige Werterfüllung auslegen lassen
- Im Bodenanker „Wert" die zukünftige Identität erkennen lassen und diese im Jetzt mit der früheren Identität im Jetzt verschmelzen und integrieren
- Eine mögliche Zukunft erleben lassen

Die Dimension des Problem- und Entwicklungsraums ist eine Anhäufung von Wertverletzungen. Innerhalb der erlebten verletzenden Erfahrungen sind negative Glaubenssätze, welche eine problemstabilisierende Wirkung haben, und Glaubenssysteme entstanden (z. B. Dilts 2006; Dilts et al. 2011, S. 27 ff.). Es wirken Muster von Deutungen einer Erfahrung. Diese Erfahrung wird im Jetzt so lange umgedeutet, bis sie wieder der inneren Wirklichkeit entsprechen. Man spricht in diesem Zusammenhang oft von der „selbsterfüllenden Prophezeiung" (Merton 1948). Diese Glaubenssätze können Handlungsmuster erzeugen, die den Coachee in dieser Situation nicht mehr frei wählen lassen. Das Handlungsmuster hat eine gleiche oder ähnliche Struktur wie die ursprüngliche prägende Erfahrung.

Der Prozess „Musterauflösung" dient dazu, diese Glaubenssätze bewusst zu machen und in eine Wahlfreiheit zu bringen, um ein eigenes Wollen zu ermöglichen.

Die häufigsten Muster sind:
- Ich kann nicht...z. B. Ich kann nicht „nein" sagen
- Ich darf nicht...z. B. Ich darf keine Wünsche haben
- Ich muss/ müsste...z. B. Ich muss stark sein
- Ich soll/ sollte...z. B. Ich sollte klug sein

In einer bestimmten Erfahrung hat eine Zuschreibung stattgefunden. Und diese Zuschreibung hat wiederum eine Strategie zur Scheinbewältigung erschaffen.

Prozessschritte
- Verbindung mit den Glaubenssätzen der Tiefenstruktur aufnehmen und einen wesentlichen Glaubenssatz wählen lassen
- Die Herkunft des Glaubenssatzes bewusst werden lassen. Wessen Stimme spricht diesen Glaubenssatz aus?

- Den Glaubenssatz in einen zukünftigen Problemkontext stellen und Wahlmöglichkeiten schaffen
- Die Nachteile der neuen Möglichkeit bewusst werden lassen und eine Entscheidung zwischen dem alten und neuen Muster herbeiführen
- Die Entscheidung in der Zukunft testen und integrieren

Dieser Prozess kann für die Integration weiterer Glaubenssätze angewendet werden.

2.3 Die Dimension der Tiefenstrukturen

In der dritten Dimension lautet die zentrale Frage: „Wie gelingt entwicklungsorientierte Veränderung?" Die Arbeit in der ersten und zweiten Dimension ist die Arbeit in bewussten Persönlichkeitsschichten und -teilen, die jedoch nur der Abdruck und die Folge von unbewussten, tiefer liegenden Dynamiken, resultierend aus Gefühlen, Emotionen und Elementen sind. Es ist möglich, von außen, dem Denken, nach innen zu wirken und dort Veränderung herbeizuführen. Die natürliche Dynamik jedoch ist jene von innen nach außen.

Wenn Menschen noch kein stabiles Gefühl für den eigenen Wert entwickelt haben, so zweifeln sie meist an ihrem Selbstwert. Denn alle Erklärungen, die von außen kommen, werden vorbehaltlos übernommen. Es geht darum, diese Situationen und Aussagen zu überprüfen und sich nicht über diese zu definieren (Satir 1990, S. 116). Und sich die Frage zu stellen, um was geht es in der Tiefe „wirklich"? Im Idealfall gelingt es, den fast gänzlich unbewussten tiefsten Grund auf der Körperebene mit in die Veränderung einzubeziehen.

In der Tiefenstruktur des Ziel- und Problemraums werden in der Durchführung der Prozesse diese Schichten sichtbar gemacht, um die Kräfte zu bündeln und auf die Wertentwicklung auszurichten. Der Coachee wird Schritt für Schritt durch diese Schichten begleitet, bis keine weitere Schicht mehr auffindbar ist (siehe Abb. 2.2). Die Intensität der Schichten nimmt normalerweise von Stufe zu Stufe zu, es ist wie wenn der Coachee sich seinen Ur-ressourcen nähert und sie in sich erfährt. In der tiefsten wahrnehmbaren Schicht lassen wir den Coachee sein Glaubenssystem bewusst werden.

In dem wir dem tiefsten Gefühl Raum geben, erfolgt eine Integration der Kern-Ressource. Der nachfolgende Prozess, genannt „Samenkorn-Prozess", will diese Kraft in den Alltag des Coachee bringen und eine stabile Integration in sein Leben. Das beinhaltet ein tiefes Anerkennen, Annehmen, Raum geben und Sein lassen.

2.3 Die Dimension der Tiefenstrukturen

Prozessschritte
- Verbindung mit dem stärksten Gefühl einer konkreten Erfahrung aus der Vergangenheit aufnehmen
- Zugang zum Problemraum schaffen und mit dem Körper verankern. „Wo genau spürst du dieses Gefühl?"
- Den Coachee Schritt für Schritt in die darunter liegenden Gefühlsschichten rückwärts führen, so lange, bis das „Nichts" erscheint (siehe Abb. 2.2)
- In diesem tiefsten Gefühl die Glaubenssätze erarbeiten (Ich bin...; die anderen sind,...und die Welt oder das Leben ist jetzt...)
- Integration der Kern-Ressource: Samenkornprozess
- Der Coach begleitet Schritt für Schritt den Coachee die Schichten entlang zurück zum Ziel- oder Problemelement. Er führt dabei non-direktiv und nicht-suggestiv. Das Samenkorn wird und kann sich so im Körper ausdehnen. Es wird dabei voll angenommen und kann seine Energie entfalten. Teil des Samenkorns ist eine neue Teilidentität, die von sich aus neue, unterstützende Glaubenssätze, Fähigkeiten und Verhalten schaffen wird
- Integration und Transfer in den Alltag

Abb. 2.2 Beispiel einer Tiefenstruktur (*Pfeil nach unten*) und eines Samenkornprozesses (SKP; *Pfeil nach oben*) im Problemraum. (Fitz 2013)

Diese Form von Wachstum ist eine deutlich nachhaltige, ökologische und systemisch stimmige. Das Wachstum geschieht von selbst. Es resultiert nicht aus Wissen und Können, sondern aus dem Sein. Dieses Sein wird sozusagen „geboren" und kommt aus der Tiefe des Menschen.

2.4 Die Dimension des Problem- und Entwicklungsraums

In der Praxis hat sich gezeigt, dass es für Menschen manchmal schwierig ist, ihr Problem zu benennen, sich dieses anzusehen und zu spüren. In dieser Dimension begleiten wir den Coachee hinsichtlich der Frage, was ihn bisher an seiner Wertentwicklung gehindert hat. Erfahrungen und Verletzungen verschwinden nicht einfach, wenn wir uns Dinge einreden oder schönreden. Vielmehr geht es darum, hinzusehen und diese Situationen oder Erfahrungen anzuerkennen und so wie in der fünften Dimension uns selbst in der Tiefe zuzuwenden. Das kann in dieser Dimension auch eine schmerzhafte Arbeit bedeuten. Wenn allerdings die Öffnung und das Hinsehen gelingen, ist Wachstum und Entwicklung möglich.

Der Problem- und Entwicklungsraum besteht gemäß dem Modell aus sechs Elementen: dem Problem bzw. Problemsatz, den Problemevidenzen, dem Metaproblem, dem Vorteil des Problems, der Problemmetapher und dem Modell (in Anlehnung an Dilts 1991; Dilts et al. 2011; Gordon 1996; O'Connor und Seymour 1995).

Prozessschritte
- *Problemsatz-Fragen:* „Nimm das Element ‚Wert' wahr. Was ist der Grund, warum sich dieser nicht entwickelt hat? Was hindert dich an deiner Wertentwicklung oder Zielerreichung?"
- *Skala-Abfrage:* „Wie stark empfindest du die Problembelastung? Skalierung von 0 bis − 10
- *Problemevidenzen-Fragen:* „Stell dir vor, du hast das Problem ‚Jetzt', was genau siehst du dann? Was genau hörst du? Was nimmst du wahr?"
- *Metaproblem-Frage:* „Stell dir vor, dieses Problem bleibt und steigert sich im Laufe der Zeit. Es vergehen fünf Jahre. Zu was könnte dieses Problem dann führen?"
- *Vorteile des Problems-Fragen:* „Welche Vorteile könnte das Problem haben? Wer oder was profitiert von deinem Problem? Mit was müsstest du dann aufhören?"
- *Annahme der Vorteile*
- *Frage zur Problem-Metapher:* „Stell dir vor, du hast dieses Problem im Moment. Und du lässt dich von einem Bild finden, wie oder was du in diesem Zustand bist?" Beispielsweise antwortet der Coachee: „Ich bin dann wie eine verwelkte Blume."

- *Frage zum Problem-Modell:* Wenn du jetzt für dich überprüfst, rein gefühlsmäßig, wer von deinen Eltern oder anderen Vorfahren hat das gleiche Gefühl, den gleichen oder ähnlichen Zustand gelebt?"
- *Verbindung* zum Problemmodell *lösen*
- *Problemraumaufstellung:* Ist- und Lösungsansatz

Durch den Wert, den Ziel- und Problemraum zeigt sich das sogenannte „kybernetische Dreieck". Es beschreibt die Dynamik zwischen „Wert", „Ziel" und „Problem" (siehe Abb. 2.3).

Aus dem kybernetischen Dreieck leitet sich mittelbar ab, ob der gewählte Wert sich entwickeln und vermehren wird.

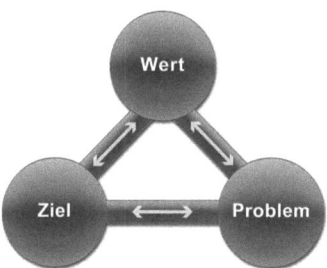

Abb. 2.3 Das kybernetische Dreieck im St. Galler Coaching Modell®. (Fitz 2013)

2.5 Die Dimension des Wertes im Kontext und Zielraum

In dieser Dimension gilt es zu klären, was den Coachee wesentlich steuert und worauf er ausgerichtet ist. Das Element „Wert" ist zudem der eigentliche Auftrag des Coachings im St. Galler Coaching Modell®. Er gibt dem Coaching-Prozess die Ausrichtung und beschreibt, um was es dem Coachee gehen könnte. Der Sinn einer Veränderung resultiert aus einer nachhaltigen Wertvermehrung. Damit sich der Wert entwickeln kann, öffnen wir im nächsten Prozessschritt den Zielraum. Der Zielraum ist jener Teil des Wertesystems, auf das hin sich der Klient bewegen möchte. Dieser besteht aus sechs Elementen: Den Zielsatz, die Zielevidenzen, das Meta-Ziel, die Nachteile des Ziels, die Zielmetapher und das Zielmodell (in Anlehnung an Dilts 1991; Dilts et al. 2011; Gordon 1996; O'Connor und Seymour 1995).

Prozessschritte
- *Wertentwicklung-Fragen:* „Wenn du dieses Thema auf einen Punkt bringst, welcher Begriff beschreibt dann am besten, was du willst oder brauchst? Was genau würde dich an diesem Punkt unterstützen? Was würde das Problem lösen?"
- *Frage zur Skalierung Ist-Zustand:* „Wenn du dich jetzt ganz in eine Erfahrung hineinversetzt, in der sich das Thema deutlich zeigt, wo auf einer Skala von −10 bis +10 befindet sich dein Wert momentan?"
- *Frage zur Skalierung Soll-Zustand:* „Wo magst du dich am Ende des Coachings erleben? Was peilst du an?"

Der Zielsatz ist eine Funktion des Wertes und beschreibt, was der Coachee auf dem Weg zur Wertvermehrung lernen, können oder erkennen wird. Dieser Schritt ist eine erste Bewusstwerdung, ein erstes tieferes Erkennen seines Themas.

Prozessschritte
- *Zielsatz-Fragen:* „Beschreibe in einem Satz mit maximal sechs Wörtern, wie oder wodurch sich der gewählte Wert vermehren kann oder könnte?"
- *Skala-Abfrage:* „Wie weit ist dein Ziel ‚Jetzt' bereits erreicht, auf einer Skala von 0 bis +10?"
- *Zielevidenzen-Fragen:* „Stell dir vor, du hast das beschriebene Ziel erreicht. Was genau siehst du dann? Was hörst du? Was nimmst du wahr?"
- *Meta-Ziel-Frage:* „Wenn du dir jetzt vorstellst, du hast dein Ziel ganz erreicht, was wird dir dadurch möglich? Was erfüllt sich damit noch?"
- *Frage zu den Nachteilen des Ziels:* „Welche Nachteile hat es, das Ziel zu erreichen? Wer könnte dagegen sein? Warum? Welchen Preis hat dieses Ziel? Mit was müsstest du dann aufhören?"
- *Frage zur Zielmetapher:* Stell dir vor, du hast dieses Ziel erreicht und aus diesem Gefühl, ohne nachzudenken, lass ‚Jetzt' ein Bild in und aus dir aufsteigen, eine Metapher, wer oder was oder wie du nun bist?" Beispielsweise antwortet der Coachee: „Ich bin dann wie ein stark verwurzelter Baum."

2.5 Die Dimension des Wertes im Kontext und Zielraum

- *Frage zum Ziel-Modell:* „Wenn du jetzt für dich überprüfst, rein gefühlsmäßig, wer von deinen Eltern oder Vorfahren hat das gleiche oder ähnliche Ziel ganz deutlich gelebt, den Wert tief erfüllt?"
- *Anbindungsprozess* zum Zielmodell
- *Zielraumaufstellung:* Ist- und Lösungsentwurf

Anhand folgender Beispiele wird die Anwendung des St. Galler Coaching Modells® in der Praxis dargestellt.

Praxisbeispiel 1: „Gelassenheit" 3

Ein Seminarteilnehmer hat Klaus E. empfohlen, ein Coaching nach dem St. Galler Coaching-Modell® vorzunehmen. Er ist Diplomingenieur (Maschinenbau), 54 Jahre alt, und leitet seit sieben Monaten die Geschäftseinheit „Pumpen" in einem Industriekonzern, bei dem er schon über 20 Jahre tätig ist. Klaus hat eine beeindruckende Karriere hinter sich. Beginnend als Vertriebsleiter Südafrika ist er aufgestiegen zum Leiter Europa bis er 2003 zum Mitglied der Geschäftsleitung ernannt wurde. Das ist ihm „mit eisernem Willen und Disziplin" gelungen, so seine Aussage. Er ist das älteste von vier Kindern, sein Vater starb an einem Herzinfarkt, als er elf Jahre alt war. Von da an „war er der Mann im Haus". Er ist ein drahtiger, eloquenter Techniker, der sich präzise ausdrückt und gut gekleidet erscheint.

Der frühere Divisions-Leiter hat das Unternehmen aus „persönlichen Gründen" verlassen. Laut Klaus, weil „die Reorganisation der Einheit nicht vorankam". Klaus lässt zusätzlich zum Standardvertrag eine Verschwiegenheitsverpflichtung unterschreiben und nennt als Thema „fehlende Motivation". Das Erstgespräch findet in seinem Büro statt, wo wir alle paar Minuten unterbrochen werden. Wir einigten uns auf einen eigenen Coaching-Raum und benutzen dafür einen Seminarraum. Wir vereinbaren eine erste Sitzung zu 2,5 Stunden und weitere 5 zu je 1,5 Stunden. Das Honorar will er selbst bezahlen, er sieht das als „Eigenbeitrag für das Unternehmen".

1. Sitzung, Dienstag 18 bis 20 Uhr 30: Das Modell wird kurz erklärt, möglichst technisch, um eine solide „Ja-Haltung" zu bewirken.

Begründung Coach: Es ist zunächst wichtig, eine Vertrauensbasis auf zwei Ebenen zu entwickeln, zu mir als Fach-Person und zum Coaching-Prozess an sich. Die vieljährige Erfahrung als Coach und der Hinweis auf eine wissenschaftlich validierte Vorgehensweise sind unterstützend, eine „Ja-Haltung" zu bewirken. Zusätzlich werden Begriffe verwendet, die dem Coachee vertraut sind und Sicherheit vermitteln. Im Fall von Klaus: strukturiert, rational, Schritt-für-Schritt, Ebenen, Steuerungs-Einheit (für das kybernetische Dreieck), Ablaufplan, Antriebsenergie eines Motors (Zielraum), Bremse (Problemraum) und Kupplung (Aufstellungsarbeit).

Die Wert-Findung ergibt „Gelassenheit", den Klaus entwickeln und vermehren möchte. Ich lade Klaus ein, mit mir einige Runden „kontemplativ" zu gehen. Er wirkt dabei nervös und wird, je länger wir gehen, immer unruhiger. Seine abschließende Rückmeldung lautet, dass er „mit solchen Techniken nichts anfangen kann". Klaus erzählt, dass seine Arbeitsmotivation mittlerweile „gegen Null" geht. Er hat seit vier Monaten Schlafprobleme, fühlt sich ständig unter Druck, ist oft unkonzentriert und in mehreren Situationen „gegenüber Mitarbeitern ausfallend" und aggressiv geworden. Er ist wegen der Schlafprobleme beim Arzt gewesen und nimmt seither ein Antidepressivum. Auch die Beziehung zu seiner Frau ist „äußerst angespannt".

Der Grund für alles sind laut Aussage von Klaus die quartalsweise steigenden Verluste „seiner" Division. Als er mehr und mehr fachliche Details und Begründungen erzählt, unterbreche ich ihn mit der Frage: „Wenn Sie die gesamte Thematik auf einen Punkt bringen, welcher Begriff beschreibt am besten, was sie wollen oder brauchen?" Diese Frage beantwortet er mit: „Die Division schreibt Gewinne." Ich fahre dann fort mit der Frage: „Wenn sich äußerlich nichts ändern würde, alles bleibt wie es ist, welche Veränderung bei Ihnen, also innerlich, würde ihre Motivation deutlich verbessern?" Für einen kurzen Moment wird Klaus ruhig, denkt angestrengt nach, antwortet: „Ruhe und Gelassenheit würde mir zumindest etwas nützen." Auf einer Skala von minus 10 (schlechtester möglicher Wert) und plus 10 (maximal erreichbarer Wert) empfindet er sich auf plus eins.

Coach-Kommentar: Das St. Galler Coaching Modell® stellt den Coachee und den Coach zunächst vor eine schwierige Aufgabe. Das oft über Jahre oder Jahrzehnte hinweg praktizierte Denken und Handeln um „im außen zu verändern" wird umgelenkt auf den Fokus nach innen. Dieser Blick bewirkt eine Auseinandersetzung mit sich selbst statt mit den „Anderen" oder den Umständen. Dies ist oft neu und wird von vielen Coachees als „schwere Arbeit" bezeichnet.

3.1 Dimension 1 – der Ziel-Raum: „entspannt arbeiten"

Auf der Suche nach einem lohnenswerten Ziel, das den gewählten Wert „Gelassenheit" unterstützen würde, findet Klaus zunächst nur Negationen wie: „Ich rege mich nicht mehr auf" und Beschreibungen von äußeren Veränderungen: „Der Ver-

3.1 Dimension 1 – der Ziel-Raum: „entspannt arbeiten"

trieb in Nordafrika bringt die vereinbarten Zahlen", etc. Meine mehrmals wiederholte Anweisung, einen Satz zu formulieren, der mit „Ich" beginnt, eine eigene Veränderung beschreibt und keine Negation enthält bringt Klaus zum Schwitzen. Auf seiner Stirn bilden sich Schweißtropfen, er versucht mit Willen und Anstrengung den Vorgaben gerecht zu werden. Als er schließlich das Ziel: „Ich kann entspannt arbeiten" formuliert, sinkt er erschöpft in seinem Stuhl nieder und verharrt dort minutenlang regungslos und in sich gekehrt.

Begründung Coach: Die Zielfindung kann ein wesentlicher Schritt auf dem Veränderungsweg sein, weil er ein Umdenken bedingt. Es werden die bisherigen Konzepte und Lösungsversuche hinterfragt und müssen möglicherweise aufgegeben werden, der Weg freigemacht zu etwas wirklich Neuem. Bewusst wurde darauf verzichtet nachzufragen, wie genau er das erreichen will, um den Suchprozess, der in Klaus stattfindet, nicht zu stören. Die weiteren Elemente des Zielraums finden sich leichter:

- Evidenz des Ziels: Aufrechte und doch lockere Haltung, freies Atmen, schwingende, sanfte Stimme
- Meta-Ziel: „Vertrauen in mich und meine Fähigkeiten"
- Nachteile des Ziels: „Entspannung (und Gelassenheit) widerspricht meiner Führungsrolle"
- Ziel-Metapher: „Elefant" – Beschreibung: „Er hat Kraft, steht fest auf der Erde und geht gemächlich seine Wege"
- Ziel-Modell: Als Zielmodell wählt Klaus den Vater. Er hat seinen Vater als streng, jedoch wohlwollend und den Kindern gegenüber aufmerksam in Erinnerung. In den wenigen Zeiten wo er zu Hause war, strahlte er „so eine Ruhe und Sicherheit aus".

Begründung Coach: Bei den Nachteilen des Ziels wird oft klar, warum die Veränderung bisher nicht gelungen ist und was sich in seiner Persönlichkeit dagegen stellt. Der Nachteil beschreibt das Dilemma, in dem Klaus steckt. Jeder bisherige Versuch, seine Arbeit mit mehr Ruhe und Abstand zu bewältigen muss scheitern, weil, so sein inneres Konzept, das seine Identität als Führungskraft auflösen würde.

Ich erkläre Klaus die Systematik von Aufstellungen, „wie der Bauplan einer Maschine wo man sieht wie alles zusammenhängt". Klaus legt den Anker für sich selbst im Raum aus und auf 180 Grad seinen Wert. Die weiteren Elemente werden wie in Abb. 3.1 ersichtlich ausgelegt.

In der Außenbetrachtung, der Meta-Position, studiert Klaus das Bild ganz genau und von mehreren Seiten. Es wirkt auf ihn „ohne Ordnung und verwirrend". Er fragt mich, ob das so „wahr sei". Ich erkläre kurz, dass eine Aufstellung eine

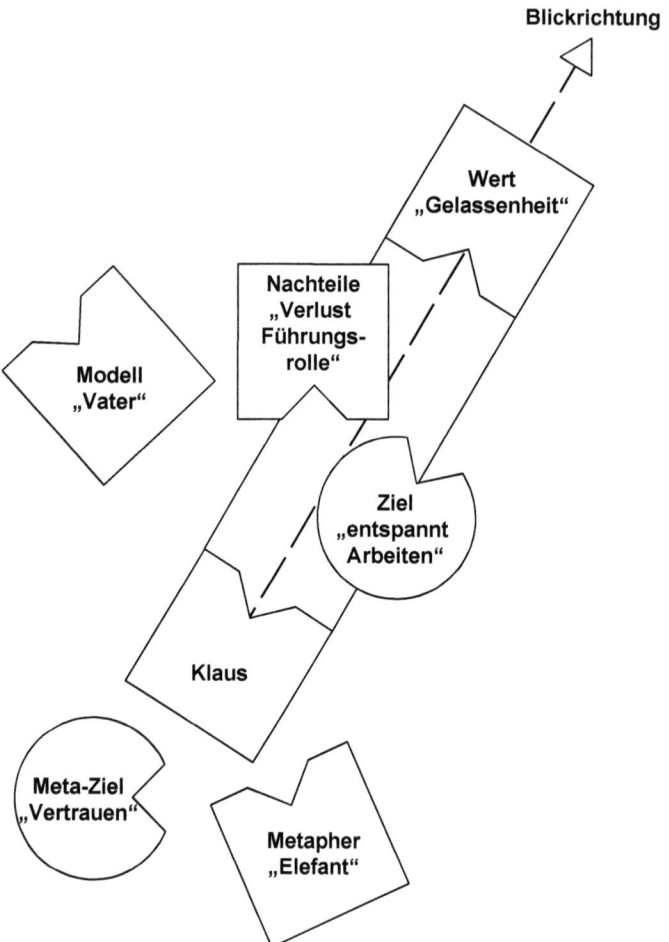

Abb. 3.1 Aufstellung Ist-Situation Zielraum

„subjektive momentane Darstellung" von bewussten und unbewussten inneren Vorgängen ist.

Begründung Coach: Das „Ziel" scheint attraktiv zu sein, er nimmt es aber „mit der abgewandten Seite" wahr. Er kann es noch nicht fassen oder glauben. Die Nachteile liegen quer im Weg zur Wertentwicklung, blockieren diese. Das Meta-Ziel liegt hinter ihm, ein Hinweis darauf, dass er wenig Vertrauen hat, er weiß noch nicht wie das gehen soll. Die Metapher ist nahe und scheint vertraut und unterstützend an seiner Seite zu wirken. Das Zielmodell (Vater) „sieht weg" von ihm, ist nicht mit ihm verbunden und hat so wenig Kraft.

Feedback Coachee: Dieses Coaching sei „ungewöhnlich und eine Herausforderung für ihn". Am Schwersten hat er die Zielfindung empfunden weil er sich das „überhaupt nicht vorstellen kann, dass angesichts der Aufgabe die er zu bewältigen hat, so etwas wie Entspannung möglich sein könnte". Die Metapher hingegen fühlt sich stimmig und gut an, der Vater als Zielmodell mache ihm ein „indifferentes Gefühl". Insgesamt sei er jetzt „fast so etwas wie erschöpft", doch positiv eingestellt und neugierig, was da noch kommen wird.

Begründung Coach: Im Problemraum wird sich zeigen, warum das Modell „Vater" ein indifferentes Gefühl erzeugt.

3.2 Dimension 2 – der Problemraum

2. Sitzung, Dienstag 18 Uhr bis 19 Uhr 30. Rückblick Klaus: Er ist wie üblich durch die Tage gehetzt und hat keine Zeit gehabt, über das Coaching nachzudenken. Sein Schlaf hat sich eher verschlechtert, den Wert empfindet er derzeit auf −2, also schlechter als vor dem Coaching, aber „es geht halt auf und ab".

Begründung Coach: In der Arbeit mit dem St. Galler Coaching Modell® braucht es weder Nachdenken über irgendetwas, noch irgendwelche Selbstsuggestionen und Affirmationen. Die Wirkung entsteht durch das Einlassen auf die Prozesse. Die intensive Beschäftigung mit den Elementen und Dynamiken, das Bewusstwerden um was es wirklich geht, führt manchmal zu einer „Erstverschlimmerung".

Das Problem: „Unlösbarkeit": Die Frage, was Klaus daran hindert, seine Arbeit mit etwas Ruhe oder mehr Gelassenheit zu erledigen beantwortet er mit äußeren „Umständen und Faktoren". Diese machen es ihm unmöglich, die an ihn gestellten Aufgaben zu erfüllen und die Ziele zu erreichen. Der Druck des Vorstands auf die Ergebnisse wird zusätzlich ständig höher. Ich bitte Klaus die gesamte Problem-Thematik in einen Satz zu packen, der mit „Ich" beginnt und sich auf ihn bezieht. Nach mehreren Versuchen werden die Geschichten kürzer bis er schließlich das Problem formuliert mit: „Ich stehe vor einer unlösbaren Aufgabe die mich erdrückt."

Begründung Coach: Klaus sieht sein Problem derzeit in den „Umständen". Interessant dabei ist die kinästhetische Auswirkung. Sowohl das Stehen, als auch das Erdrückt werden liefern Hinweise auf seine innerliche Repräsentation des Problems. Auch das Ziel „Entspannen" ist eine Andeutung, die ich im weiteren Prozessverlauf verwenden und nutzen kann.

> - Problem-Evidenz: Druck im Brustbereich der das Atmen schwer macht, gebeugte Haltung, weiche Knie, fahrige Gesten, aggressive Gesten
> - Das Meta-Problem: Scheitern, Untergehen
> - Vorteile des Problems: Es zwingt mich zur Höchstleistung
> - Problem-Metapher: „Eine Ameise die von einem riesigen Fuß zerquetscht wird"
> - Problem-Modell „Vater": Klaus erinnert sich an ein Erlebnis, als sein Vater einen ersten Infarkt erlitten hatte. Er kam damals früher als sonst von seiner Arbeit, klagte über Schmerzen in der Brust, war bleich im Gesicht und wurde, als es ihm immer schlechter ging, mit der Rettung ins Spital gebracht. Circa ein Jahr später erlitt er einen weiteren Infarkt an dem er starb. Nach dieser Schilderung fragte ich Klaus (54 Jahre alt) spontan, wie alt sein Vater war, als er starb. Er war 52 Jahre alt.

Begründung Coach: Mit der Frage nach dem Alter, als sein Vater starb, will ich einen möglichen Zusammenhang zum Zustand, in dem sich Klaus befindet, testen. Kann es sein, dass Klaus das Thema von seinem Vater übernommen hat? Wird hier ein Lebenslauf möglicherweise wiederholt? Als erstgeborener Sohn hat er möglicherweise als Kind im Alter von elf Jahren die Vater-Rolle übernommen oder übernehmen müssen.

Begründung Coach: Der Problemraum (siehe Abb. 3.2) wird dominiert von der Achse Klaus zu den Vorteilen des Problems. Die Vorteile stehen dem eigentlichen Problem „im Weg" und verhindern damit eine konkrete Auseinandersetzung. Der Vater ist eng verbunden. Die Metapher „Ameise" ist wie ein Teil in ihm, das Meta-Problem in „weiter Ferne" und ihm abgewandt, es wird kaum wahrgenommen. Während Klaus in seinem Problem-Raum steht, drehe ich das Meta-Problem so, dass er es klar vor sich sehen kann und nehme die Vorteile aus seinem unmittelbaren Blickfeld. Nun wirkt der Raum bedrohlich und „dunkel". Der Ablöse-Prozess gegenüber seinem Vater wird angeleitet. Er ist sichtlich gerührt und kann die Verbindung zu ihm an diesem Punkt im Guten lösen.

Am Ende dieser Sitzung erzähle ich Klaus von der Arbeit mit systemischen Aufstellungen. Dabei wird ein Beispiel eingeflochten, wo ein Mann seine Herkunftsfamilie aufstellen lässt und dabei erkennt, wie stark er vom Lebenslauf dieser Menschen geprägt wurde und wie sehr die Strukturen und Dynamiken von damals in das Heute wirken. Klaus verlässt die Sitzung nachdenklich und in sich gekehrt.

Abb. 3.2 Aufstellung Ist-Situation Problemraum

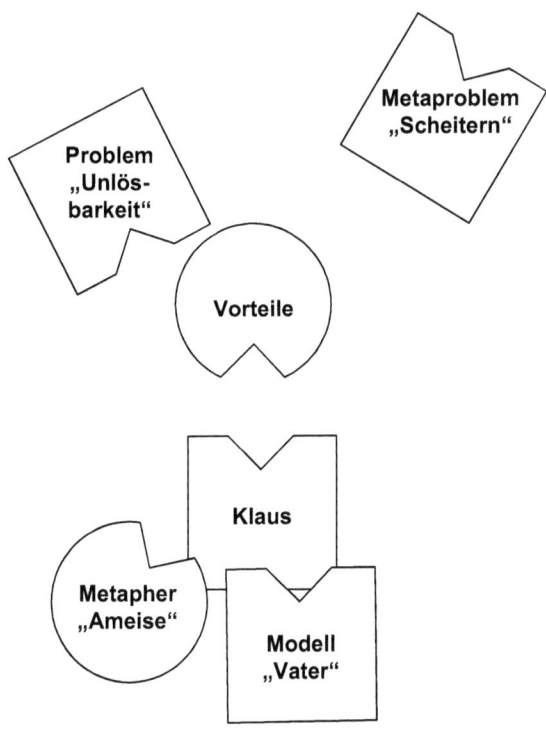

3.3 Dimension 3 – Tiefenstrukturen

Rückblick Klaus: Er hat oft schlecht geschlafen und „bizarre Träume" gehabt. Den Wert hat er zwischen minus drei und plus drei erlebt, eine „Achterbahn mit sich selbst". Ich erkläre Klaus die nächsten Prozesse und verwende dazu eine Motor-Metapher. Die ersten beiden Dimensionen hatten den Zweck, die Leistung und das Leistungsvermögen zu klären (Zielraum) und die Leistungsverluste (Problemraum) bewusst zu machen. Nun geht es darum, das Gehäuse zu öffnen und das Innenleben zu betrachten. Was zeichnet diesen Motor aus und was hemmt ihn? Ist da genug Öl (Schmierung) und Wasser (Kühlung)? Passen Kurbelwelle und Zahnräder zusammen und wie hoch ist die Betriebstemperatur bei Vollast? Um das herauszufinden zerlegen wir den Motor in seine Einzelteile, die sich als Gefühle zeigen werden.

Klaus assoziiert sich mit dem Ziel-Gefühl. Es fühlt sich angenehm warm und leicht an. Das stärkste Gefühl ist „Wärme". Darunter spürt er etwas „Freudiges", wie „das leise Summen eines Elektromotors". Es folgen dann: Leichtigkeit, Kraft, Begeisterung, eine Art „Liebe", meint Selbst-Liebe und Verbunden sein mit allem.

Auf dieser Wahrnehmung von „verbunden sein" werden die dazugehörigen Glaubenssätze abgefragt: „Ich kann wirken" (Selbst-Zuschreibung), „Die anderen unterstützen mich" (Ander-Zuschreibung), „Ich lebe in der Fülle" (Gesamt-Wahrnehmung).

Im anschließenden Samenkornprozess führe ich Klaus zunächst in eine leichte Trance, eine leichte Fantasiereise. Zu Beginn zeigt Klaus einen unruhigen Körper, die Füße gehen ständig nach vor und nach hinten, die Hände wollen sich verschränken. Nach etwa 15 Minuten beginnt sich Klaus zu entspannen, sein Körper und die Atmung werden ruhig, im Weiteren bewegungslos. Ausgehend vom „Verbunden sein" entsteht ein Samenkorn in der Größe einer Orange, das sich im Bauchraum befindet. Das Samenkorn dehnt sich im ganzen Körper aus und macht ihn warm, leicht und doch „krafterfüllt". Am Ende erlebt er sich „wie in einer Energie-Kugel" die ihn einerseits „leicht macht" und doch kraftvoll und energiegeladen.

Im nächsten Prozess, der Tiefenstruktur im Problemraum, assoziiert sich Klaus mit dem Gefühl „erdrückt zu werden". Dies gelingt ihm schnell und leicht, weil er unmittelbar davor in einer Vorstandssitzung ein Zeitlimit vorgegeben bekommen hat, bis dahin seine Division zumindest eine schwarze Null zu schreiben hat. Das Hauptgefühl dazu ist „Kraftlosigkeit".

Darunter finden sich folgende „Schichten": Ohnmachts-Gefühl, eine schwarze Leere – in ein Loch fallen, eine unendliche Traurigkeit, Wut, Angst: Ich frage nach „Angst wovor". Nach längerem Suchen beschreibt er sie als „wie Angst vor Sterben und Tod, untergehen, spurloses verschwinden im Nichts".

Die Glaubenssätze lauten: „Ich bin wertlos", „Die anderen sind Feinde", „Die ganze Welt ist gefährlich". Während er diese Wahrnehmungen schildert erzählt er, dass sich die Angst in eine Art Panik verändert hat, die ihn zwingt zu handeln, sich körperlich zu bewegen. Es „ist in diesem Gefühl unmöglich ruhig zu bleiben", wie „im Zylinder eines Motors wenn die Kolben das Gemisch verdichtet haben und der Zündfunke die Explosion auslöst". Ich lasse ihn die „Panik" in ein Samenkorn verwandeln, welches sich als „feurige, heiße Metallkugel im Brustraum" zeigt. Der Samenkornprozess lässt die Kugel in ein „blau-rotes, schillerndes Energiefeld" ausdehnen, das „irgendwie die ganze Welt umfasst".

Im Abschluss-Feedback ist Klaus sichtlich bewegt und berührt vom Prozess, er wirkt stark in sich gekehrt, spricht langsam und stockend über diese Erfahrung, die er „nicht einordnen kann". Er fühlt sich wie in „einem dieser Träume, die sich wirklicher als die Wirklichkeit anfühlen" aber, wie von einer „übermächtigen Last" befreit.

Begründung Coach: Der Samenkornprozess im Problemraum ist für viele Coachees der überraschendste Prozess, weil sich das belastende Gefühl in sein Gegenteil wandelt. Es hat sogar nach all den Jahren immer wieder etwas „Wundersames" im eigentlichen Wortsinn. Irgendwo ist uns versprochen, dass alles, was wir „ans Licht" bringen, geheilt werden kann und von etwas Größerem auch wird.

3.4 Dimension 4 – die Arbeit auf der Time-Line

Rückblick Klaus: Es ist ihm unangenehm, was sich bei der letzten Sitzung gezeigt hat. Er schämt sich dafür. Andererseits empfindet er eine „Art Grundkraft", die ihn seit damals begleitet, die Wertentwicklung nimmt er bei plus fünf wahr. Ich erkläre den nächsten Prozess, die Musterauflösung, an einem technischen Beispiel, indem ich beschreibe, wie das ist, wenn sich die Zündung, genauer der Zündzeitpunkt, irgendwann verstellt. Und berichte über die Auswirkungen die das haben kann, wenn ein Motor volle Leistung bringen soll. Es „nützen dann alle PS nichts", es muss die Einstellung geändert werden. Erst durch das Bewusstwerden darüber lassen sich die Einstellungen auch verändern. Eine dieser Steuereinheiten sind die „Glaubenssätze" im Problemraum.

Begründung Coach: Um die weitere Arbeit für Klaus zu erleichtern oder überhaupt zu ermöglichen, wechsle ich in die Möglichkeitsform. „Wenn es einen Teil in Ihrem Inneren gäbe, der Angst empfindet und seltsame Glaubenssätze herumträgt, lassen wir diesen jetzt etwas Neues lernen". Ich assoziiere Klaus mit der Wahrnehmung der Schicht „Angst" und bitte ihn, innerlich mehrmals den Satz: „Ich bin wertlos" zu sagen, was er ohne rechte Freude auch tut. Dabei beginnt sich sein Körper zusammen zu ziehen, er atmet schnell und flach. Ich frage ihn, was er dabei innerlich hört. „Da ist eine kalte, harte, männliche Stimme die mir befiehlt, mach vorwärts und ‚flenn nicht wie eine Memme', sonst wird nie etwas aus dir!"

Ich frage nach, ob er die Stimme einer Person zuordnen kann, was er verneint. Er „kommt sich vor wie im falschen Film". Dann bitte ich ihn, in der Möglichkeitsform zu prüfen, welche Handlungen aus dieser Anweisung resultieren könnten. „Wenn in Ihnen ein Teil wäre, vielleicht ein unbewusster, der diesen Anweisungen folgen wollte, welches Tun könnte daraus gesteuert werden?" Klaus denkt nach und antwortet: „Immer mehr und noch mehr leisten müssen!"

Dann bitte ich ihn, sich innerlich den Satz „Die anderen sind Feinde" zu sagen und sich zu fragen, welches Tun das auslösen und steuern könnte. Er meint nach langem Nachdenken: „Ich müsste dann versuchen, möglichst alles zu kontrollieren und möglichst alles wissen um früh genug reagieren zu können. Ein grundsätzliches Misstrauen gegenüber anderen, eine Abwehrhaltung."

Wir prüfen den dritten Glaubenssatz: „Die Welt ist gefährlich". Klaus erläutert, „dann müsste man sich ständig schützen, immer auf alles Gefährliche gefasst sein. Man müsste möglichst viele Dinge überwachen und immer schneller sein als die anderen!"

Im nächsten Schritt induziere ich einen leichten Trancezustand, eine „Fantasiereise". In die linke geöffnete Hand lasse ich ihn das „Leisten müssen" legen, es wahrnehmen und damit annehmen und frage ihn: „Wenn es einen Teil in Ihnen gäbe, der aus irgendwelchen Gründen glaubt, immer mehr leisten zu müssen, welches andere oder Neue könnte dieser Teil ‚Jetzt' lernen? Was würden Sie einem guten Freund dazu raten?" Klaus zögert und sagt schließlich: „Einem Freund würde ich sagen, Arbeit ist kein Selbstzweck, such Erlebnisse, die dich wahrhaft erfüllen."

Begründung Coach: Ein Glaubenssatz im Zielraum lautete: „Ich lebe in der Fülle". Dies ist ein möglicher Hinweis, dass die Lösung bereits in ihm vorhanden ist. Sie braucht lediglich Raum um zur Wirkung zu kommen. Dazu müssen sich die Nachteile des Ziels und die Vorteile des Problems „verwandeln".

Ich lasse Klaus in seine rechte Hand „Erfüllung" legen und leite ihn an, beide Hände aufeinander zu geben, sich zu finden und zu verbinden und wie ein Beobachter wahrzunehmen, was in der Verbindung daraus entsteht. Im NLP wird das Anker verschmelzen genannt (z. B. Bandler und Grinder 1986, S. 115 ff.; O'Connor und Seymour 1995, S. 95 ff.). Aus „Leisten müssen" und „Erfüllung" entsteht „Ausgleich". Als Gegenstück zu „Kontrolle" findet sich „Vertrauen", wie dies bereits im Meta-Ziel erwähnt wurde. In der Verbindung entsteht „Leichtigkeit". Zu „Gefahr" findet er „Sicherheit", die Verbindung der beiden wird zu „Demut gegenüber dem Leben". Die anschließende Arbeit auf der Lebenslinie erkläre ich mit dem Beispiel, wenn ein Motor heiß gelaufen ist, kann sich ein Riss in der Zylinderkopfdichtung bilden der dazu führt, dass der Motor aus diesem Grund immer wieder heiß läuft, weil er nicht mehr genug gekühlt wird. So ähnlich könne das auch bei uns Menschen sein. Im Coaching „spritzen wir prozesshaft ein Dichtungsmittel ein, das den Riss wieder schließt".

Wir folgen dem Problemgefühl in die Vergangenheit von Klaus und finden wiederkehrend Erfahrungen von „erdrückt werden", die sich durch sein ganzes Leben ziehen. Er war ein sehr guter Schüler und Student, für den alles unter einer „sechs" inakzeptabel war. Schon in der Kindergartenzeit beherrschte er das kleine „Einmaleins" und konnte das Alphabet schreiben. Das Problemgefühl nimmt er bis in seine früheste Zeit war, ohne sich dort an konkrete Erfahrungen zu erinnern.

Aus der Metaposition erkennt er, wie viel Wille, Disziplin und Kraft ihm als Ressource gegenüber „dem Druck" erwachsen ist und wie stark das sein „ganzes Leben" geprägt hat. Ich frage nach der Ressource, die ihm am meisten gefehlt hat. Klaus sucht minutenlang bis er zu „von starken Armen gehalten" kommt. Da die Ressource sich auf der kinästhetischen Ebene befindet, frage ich ihn nach einer solchen Erinnerung. Er findet dazu eine Wanderung mit seinem Vater, wo er ihn als Kleinkind, als er müde war, auf seine Schultern gehoben, getragen und gehalten hat. Das sei für ihn „eine der verbundensten Erfahrungen" gewesen.

In der Verknüpfung des Problems mit den Ressourcen entsteht eine (Teil −) Identität, die er als „wie ein Elefanten-Vater" in einer Gruppe empfindet. Diesen Elefant beschreibt er als massig und stark, gleichzeitig empfindsam und sensibel. In die Zukunft projiziert erlebt er sich gelassen und doch stark.

Feedback Klaus: Das Coaching war erlebnisreich und auch ein wenig „erschreckend". Er hätte nie geglaubt, was für „Dinge er in sich trägt". Er fühlt sich im Moment schwer und leicht zugleich und muss das Erfahrene „zuerst einordnen".

Begründung Coach: Das Bewusstwerden der „Glaubenssätze" im Zusammenhang mit seinem Problemgefühl deckt auf, was Klaus im Tiefsten antreibt. Zudem ermöglicht es ein Sichtbarmachen, welche und wie viele Schutzmechanismen entwickelt wurden. Diese Antreiber sind oft nicht bewusst und wirken in viele Lebensbereiche hinein.

3.5 Dimension 5 – Die Spiritualität

Rückblick Klaus: In der vergangenen Woche hat es ein „einprägsames Erlebnis" gegeben. Die Quartalszahlen von Nordamerika sind „miserabel" gewesen. Früher hätte ihn das in Wut versetzt und später in „hektisches Tun", begleitet von einer „Hitze im Kopf". Diesmal hingegen sei „der Kopf kühl geblieben". Er hat die Zahlen in Ruhe studiert, eine Video-Konferenz mit dem Vertrieb durchgeführt, sich „mit einer geradezu erschreckenden Gelassenheit" die Ursachen erklären lassen und Vorschläge zur Verbesserung gesammelt. Aufgrund dessen erlebt er sich im Wert „Gelassenheit" auf plus sieben. „Aber nur im Moment", wie er ergänzt.

Zur Überleitung auf die fünfte Dimension frage ich Klaus, ob er an irgendetwas Größeres glaubt, sei es Gott oder eine Urenergie, eine Quelle in uns oder das Leben an sich. Er erzählt, dass er in einem katholisch geprägten Elternhaus aufgewachsen ist, mit der Kirche jedoch „gar nichts anfangen kann". Interessant findet er aber, dass Albert Einstein oft einen „Gott" als hinter allem Wirkenden beschrieben hat. Meine Einladung, einen Prozess doch mal mit diesem Gott zu versuchen, als „Experiment", nimmt er gerne an.

Seine größte Angst in der Wertverletzung beschreibt er als „physischen und psychischen Existenzverlust", die er im Brustbereich als „stechend" wahrnehmen kann. In der Übergabe dieser Angst und den Erfahrungen an „Gott" wird ihm „am ganzen Körper warm und leicht". Er hört dabei sein Herz „ruhig und fest und sicher schlagen", „präzise wie eine Atom-Uhr". Auch fühlt er sich in die Zeit zurück versetzt, als ihn sein Vater auf seinen Schultern getragen hat. Sein Selbstbild verknüpfe ich anschließend mit dem Element „Gott" und lasse ihn beschreiben, was sich dadurch verändert. Er spürt sich in dieser Verbindung als „gehalten, getragen und geführt" und körperlich erleichtert. Es ist für ihn wie, „wenn ein schwerer, alter, schäbiger Mantel von mir abgefallen wäre".

Abschluss-Feedback Klaus: Das Coaching hat er „als überaus bereichernd, manchmal auch als erschreckend" empfunden, weil da „Dinge" aufgetaucht sind, die er „unter normalen Umständen" keinen „Fremden", ja nicht einmal seiner Frau mitgeteilt hätte. Er fühlt sich verändert, wie ein „Motor nach einer Generalüberholung", wie „neu", auf „irgendeine Weise lebendiger und freier". Es ist „mehr Lebensfreude da" und die Arbeit erscheint ihm jetzt „nur mehr wie eine Aufgabe, die er, so gut es eben möglich ist", erledigt. Die Werterfüllung beschreibt er als plus acht, und das „ziemlich stabil". Begründung Coach: Das Durchlaufen der fünf Dimensionen im St. Galler Coaching Modell® bietet einem Coachee, unabhängig davon, was sein Veränderungsthema ist und unabhängig davon, wie der Kunde innerlich repräsentiert und verarbeitet, qualifizierte Räume, in denen sich das, umwas-es-wirklich-geht, zeigen kann. Über die verschiedenen Annahmeprozesse findet zunächst eine Integration statt. Darauf aufbauend kann das „Neue" entstehen und als Persönlichkeitsteil wirken.

Nach drei Monaten wurde Klaus von mir kontaktiert, ob für ihn noch etwas fehlt. Er berichtet: „Die Zahlen meiner Division sind immer noch schlecht, jedoch besser als vor vier Monaten. Ich habe von mehreren Seiten das Feedback bekommen, dass ich mich verändert habe. Ich sei konstruktiver geworden und menschlicher. Es macht wieder Freude mit mir zu arbeiten. Die Gelassenheit erlebe ich recht stabil bei plus acht mit einer Schwankungsbreite von 20 %. Ich habe diese Form von Coaching mehrfach empfohlen. Und zwar an jene, die den Mut haben, in das eigene Getriebe zu schauen."

3.5 Dimension 5 – Die Spiritualität

Am Schluss dieses Telefongesprächs erzählte er noch: „Einige Zeit nach Beendigung des Coachings habe ich mich dann doch noch durchgerungen und meiner Frau davon erzählt. Zu meiner Überraschung hat sie sich darüber gefreut. Sie hat sich sogar für mein Vertrauen zu ihr bedankt. Ich habe ihr später einen langgehegten Wunsch erfüllt und mit ihr eine Wallfahrt nach Einsiedeln unternommen. Als ich die Statue des Heiligen Meinrad betrachtet habe, war plötzlich diese leichte Wärme aus dem Prozess in der fünften Dimension wieder da. Ich wurde wie von unsichtbarer Hand im Herzen berührt."

Praxisbeispiel 2: „Sinn finden" 4

Der nachfolgend durchgeführte Prozess („Magic Stairs auf der Time-Line mit Metapher, in Anlehnung an Gordon 1996") ist ein Kurzzeit-Coaching im „Ziel-Raum" des Coachee. Ein erwünschter Zustand, der Wert, wird fiktional in die Zukunft projiziert um wahrzunehmen, wie es dort ist. Anschließend wird der Weg dorthin in sieben Schritte eingeteilt, die der Coachee abschreitet, um jeweils wahrzunehmen, welche konkreten Aktivitäten und Erlebnisse mit jedem Schritt einhergehen.

Ziel ist das Schaffen von neuronalen Verknüpfungen bezogen auf den Zielzustand. Eine neue, zukünftige Wirklichkeit, die im Jetzt erlebt wird. Dieser Zustand wird über alle Sinnen erlebbar gestaltet: Hören, Sehen, Fühlen, Schmecken und Riechen. Gelingt der Prozess, wird im Unbewussten des Coachee ein Verlauf ausgelöst, der diese „Wirklichkeit wirklich werden" lassen will. Die Wirkung kann spontan oder später auftreten, je nachdem, wie hoch die dazu notwendige Veränderungsleistung ist.

Herr R., 58 Jahre alt, ist Mitglied der Konzernleitung eines international tätigen Bau-Zulieferers in der Mittelschweiz und zuständig für Finanzen, Controlling, Treasury und interne Revision. Als Stabstellen führt er zusätzlich die Bereiche Informatik und Recht. R. ist im Zuge eines Teamcoachings mit Abteilungsleitern neugierig geworden, und möchte das „mal selbst erleben". Zu Beginn hält er Coaching eher etwas für „Schwache". Er hat keine Erfahrungen damit und kennt Coaching nur aus Zeitungsartikeln. Als er mit der Wertefrage konfrontiert wird, blockt er zunächst ab, denn bei ihm sei „eigentlich alles im Lot". Es braucht zunächst eine Erklärung des St. Galler Coaching Modells®, der Hinweis auf wissenschaftliche Erprobung und die klare Ansage: „Ohne Wert kein Coaching!" Nach einigen belanglosen Geschichten erzählt R., dass ihm die letzten Jahre immer wieder so etwas wie ein übergeordneter Sinn fehlt. Seine vier Kinder sind alle schon lange aus dem Haus und finanziell ist er weitestgehend unabhängig. Er ist gut und schon 36 Jahre verheiratet. Am Zürichsee fährt er ein Boot und als Hobby spielt er mit Freunden Golf. Und er fragt sich manchmal, was im Leben da noch kommen könnte, welches Höhere oder Andere da vielleicht noch wichtig ist. Er empfindet immer öfter eine „gewisse Leere". Begründung Coach: Ein Coachee wie R., für den Coaching etwas für „Schwache" ist und der „eigentlich alles hat" und trotzdem ein Coaching bucht, ist möglicherweise unsicher, ob er dem Ganzen trauen kann und soll. Es wirkt jedoch ein unerfülltes Bedürfnis, das ihn dann doch in ein Coaching führt. R. wählt daraus den Wert „Sinn" in der Bedeutung „Lebens-Sinn". Auf der Skala von minus 10 bis plus 10 (vollste Werterfüllung) schätzt er den Istzustand auf plus zwei und würde gerne auf plus acht kommen. Während der Erklärung des Modells der Time-Line erhebt Herr R. erhebliche Zweifel an Sinn und Unsinn eines solchen Modells. Dass das noch mittels Bodenanker im Raum ausgelegt wird erscheint ihm als „psychologischer Krims-Krams", der für ihn wohl nichts bringen kann und wird.

Begründung Coach: Aufstellungsarbeit mit Bodenanker ist gerade zu Beginn für viele Coachees eine neue Erfahrung. Trotz aller Widerstände oder Ablehnung wird darauf nicht verzichtet. Es gibt kaum ein stärkeres Mittel, den Körper in die Veränderung einzubeziehen. Den Körper als Träger des Unbewussten ist der wichtigste Partner für entwicklungsorientiertes Wachstum, das nachhaltig geschieht. Erst der Hinweis, dass es manchmal „im Leben" darum geht, auch etwas Neues oder Unverständliches auszuprobieren, lässt ihn seine Time-Line entwerfen (siehe Abb. 4.1). Interessanter Weise zeigt sich die Zukunft hinter ihm und die Vergangenheit vor ihm. Begründung Coach: Liegt die „Zukunft" hinter uns oder vor uns? Wenn wir „nach vorne" schauen, liegt da die Zukunft oder die Vergangenheit? Ein Beispiel einer wertvollen Erfahrung, die ein Mensch mit der Aufstellungsarbeit machen kann. Was bedeutet es, den „Sinn" auf dem Lebensweg „aus den Augen verloren" zu haben? Für den Wert „Sinn" wird ein Bodenanker erstellt mit der Erklärung, dass ab jetzt das Blatt Papier für „Sinn" steht. R. gibt diesem Blatt die Bedeutung eines „Buches mit sieben Siegeln".

Nach anfänglichem Zögern geht er mit seinem Bodenanker „Sinn" in seine Zukunft (rückwärts) und platziert den Anker auf der Zeitachse Richtung Zukunft (siehe Abb. 4.1). Als er auf dem Anker zu stehen kommt, fühlt er zunächst nichts. Er wird aufgefordert, doch für einen Augenblick die Augen zu schließen und ganz in die Vorstellung einer hoch „sinnbesetzten" Erfahrung zu gehen. Über Fragen zu Bildern, Klängen oder Stimmen die zu hören sind, Gerüche und Geschmack führe ich R. in diese Wahrnehmung. Minutenlang geschieht nichts. Dann plötzlich rinnen einige Tränen über sein Gesicht. Auf die Frage wie es hier ist sagt er zunächst

4 Praxisbeispiel 2: „Sinn finden"

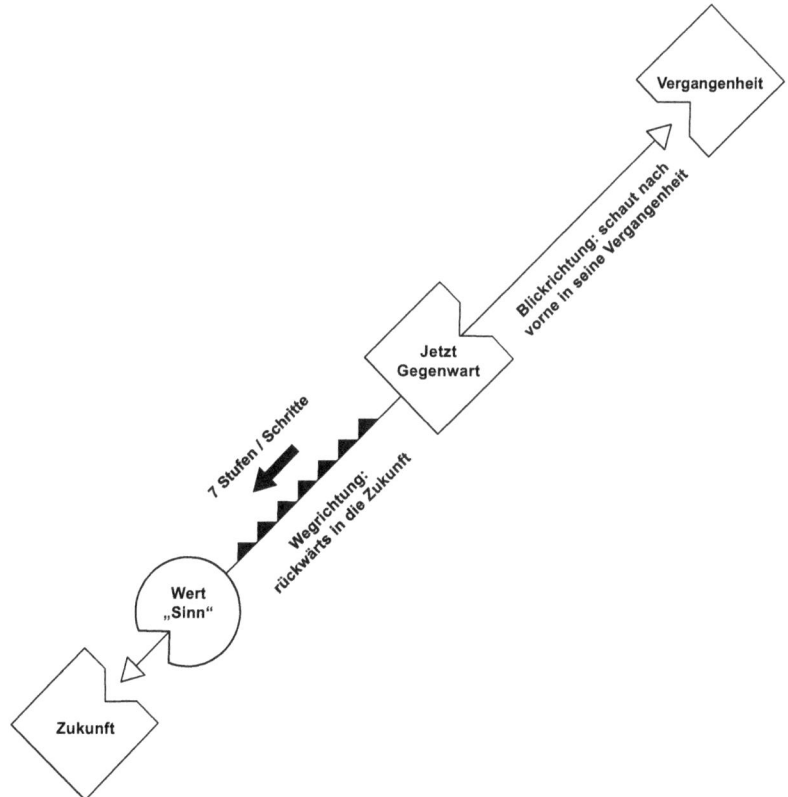

Abb. 4.1 Time Line mit Wert Sinn

nichts, räuspert sich dann und meint verlegen, „so etwas ist ihm schon jahrelang nicht mehr passiert und das Ganze ist ihm unerklärlich". Er fühlt sich leicht, der Körper ist ganz warm geworden und eine „Art tiefe Freude" durchströmt ihn, wie wenn „das Herz ganz aufgeht". Die dazu passende Körperhaltung ist aufrecht. Die Schultern weiten sich und seine Hände sind nach oben hin geöffnet, wie wenn er etwas Großes in Empfang nehmen würde. Insgesamt wirkt er körperlich weicher und durchlässiger. Als Metapher für diesen Zustand findet er sich spontan als „runde, dicke Mutter", die alle um sie herum halten und nähren will.

Begründung Coach: Die gezielte Arbeit mit isomorphen Metaphern (Bandler und Grinder 1981; Gordon 1996) ist ein integrierter Bestandteil des Modells. Metaphern sind Räume, in denen bewusste und unbewusste Dynamiken mit Inhalten gefüllt werden können. Die Metapher einer nährenden Mutter assoziiert den erwünschten Zustand in sich selbst außerhalb bewusster, rationaler Überlegungen. Gerade das scheint die Stärke von Metaphern zu sein. Der eigentliche Sinn zeigt sich hier in der Fähigkeit andere zu ernähren als tief sinngebenden Vorgang. Der Glaubenssatz über die anderen heißt: „Die Anderen sind wie meine Kinder" und die Welt ist wie „ein großer Spielplatz, wo sich Alt und Jung treffen". Bei der Skalierungsfrage auf der Skala von minus 10 bis plus 10 (völlige Werterfüllung) beschreibt sich R. auf plus 10. Die Wegteilung auf sieben Schritte zeigt hingegen keine konkreten Hinweise, wie genau sich dieser Wert so hoch entwickeln würde. Auch aus der Meta-Position konnte Herr R. nichts Konkretes identifizieren. Das Coaching dauerte ca. zwei Stunden. Zum Abschluss wurde die Vereinbarung getroffen, dass er sich früher oder später telefonisch melden wird. Etwa sieben Monate später kam dann sein Anruf bei dem er mitteilte, dass er ein Mentoring-Projekt für eine Kinderstiftung aufgenommen hat. Für diese Kinderstiftung organisiert er u. a. Ferienaufenthalte für erkrankte Kinder und wirkt dort auch persönlich mit, was ihn „auf das Tiefste erfüllt". Abschließend bezeichnete er seinen Wert „Sinn" jetzt auf acht, und er sei „verwundert, aber positiv auf dieses seltsame Coaching" eingestellt. Begründung Coach: Obwohl R. auf dem Entwicklungsweg und den vorgeschlagenen sieben Schritten keine konkreten Aktivitäten zur Werterfüllung finden konnte, hat sich der Zielzustand eingestellt.

Fazit 5

In der Zusammenschau geht es in der Begleitung von Menschen nicht nur darum, bestimmte Techniken anzuwenden, sondern einen Raum und Rahmen zu schaffen, in welchem ein Coachee in der Tiefe berührt wird. Eine grundlegende Vorrausetzung dafür bildet die Beziehung von Coach zu Coachee. Genauer, ob und wie gut es gelingt, in die „Welt" des Coachee einzutauchen und ihn dort, wo er sich befindet, abzuholen. In gewisser Weise ein Verschmelzen, ohne das Eigene, vor allen Dingen die eigenen Ressourcen aufzugeben. Dann braucht es keine Ratschläge, Anweisungen oder das Einüben von Affirmationen. Wir wachsen in vertrauensvollen Beziehungen und werden heil in Verbindungen. Daher gilt dem Aufbau solcher tragfähiger Verbindungen die größte Aufmerksamkeit in der Begleitung von Menschen, sei es im Coaching, Therapie, Beratung oder als Führungskraft.

Was Sie aus diesem Essential mitnehmen können

- Die Basis einer nachhaltigen Veränderung ist die Zuwendung zu mir selbst
- Das Außen kann mir nicht geben, was in meinem inneren fehlt
- Die Phasen sinnstiftender Prozessarbeit im St. Galler Coaching-Modell®
- Planvolles, strukturiertes Coaching für Anfänger und Profis
- Die Zuwendung zu unseren inneren Werten kann zu Sinnerfahrungen führen und damit unserem Sein eine Sinnentfaltung geben

Literatur

Bandler, R., & Grinder, J. (1981). *Metasprache und Psychotherapie. Die Struktur der Magie* (Bd. I). Paderborn: Junfermann.
Bandler, R., & Grinder J. (1986). *Neue Wege der Kurzzeit-Therapie. Neurolinguistische Programme.* Paderborn: Junfermann.
Behrendt, P. (2012). Freiburger Erfolgsfaktoren-Coaching. Vier Erfolgsfaktoren zur Etablierung von Konsistenz bei Coachees. *OSC – Organisationsberatung, Supervision Coaching, 19*(4), 391–404.
Blanchflower, D. G., & Oswald, A. (2007). Is well-being U-shaped over the life cycle? NBER Working Paper Series No. 12935, Cambridge: National Bureau of Economic Research. http://www.nber.org/papers/w12935. Zugriffsdatum: 16. Juni 2014.
Böschemeyer, U. (2013). *Worauf es ankommt. Werte als Wegweiser.* München: Piper.
Buber, M. (1996). *Der Weg des Menschen nach der chassidischen Lehre.* Gerlingen: Lambert Schneider.
Delp, A. (2009). *Worte der Hoffnung.* Würzburg: Echter.
Derks, L. (2012). *Das Spiel sozialer Beziehungen: NLP und die Struktur zwischenmenschlicher Erfahrung.* Stuttgart: Klett-Cotta.
Dilts, R. (1991). *Identität, Glaubenssysteme und Gesundheit: Höhere Ebenen der NLP-Veränderungsarbeit.* Paderborn: Junfermann.
Dilts, R. (2006). *Die Veränderung von Glaubenssystemen: NLP-Glaubensarbeit.* Paderborn: Junfermann.
Dilts, R. B., Hallbom, T., & Smith, S. (2011). *Identität, Glaubenssysteme und Gesundheit. Höhere Ebenen der NLP-Veränderungsarbeit.* Paderborn: Junfermann.
Elliott, J. (1965). Death and the mid-life crisis. *The International Journal of Psycho-Analysis, 46*, 502–514.
Erb, C. (2001). *Die Ordnungen des Erfolgs: Einführung in die Organisationsaufstellung.* München: Kösel.
Erikson, E. H. (1973). *Identität und Lebenszyklus. Drei Aufsätze.* Frankfurt a. M.: Suhrkamp.
Erickson, M. H. (1995). Vom Wesen der Hypnose. In E. L. Rossi (Hrsg.), *Gesammelte Schriften von Milton H. Erickson* (Bd. 1). Heidelberg: Carl-Auer.
Erickson, M. H. (1996). Indirekte Suggestionen und Gefahren der Hypnose. In E. L. Rossi (Hrsg.), *Gesammelte Schriften von Milton H. Erickson* (Bd. 2). Heidelberg: Carl-Auer.

Erickson, M. H., Rossi, E. L., & Rossi, S. L. (1994). *Hypnose. Induktion – Therapeutische Anwendung – Beispiele*. München: Pfeiffer.

Erpenbeck, J. (2003). KODE – Kompetenz-Diagnostik und -Entwicklung. In: J. Erpenbeck & L. von Rosenstiel (Hrsg.), *Handbuch Kompetenzmessung* (S. 365–375). Stuttgart: Schäffer-Poeschel.

Fitz, R. E. (2013). *Diplom systemischer Coach und BeraterIn (ECA) nach dem „St. Galler Coaching Modell®"*. Unveröffentlichtes Seminarskript.

Fitz, R. E. (2014). *Diplom systemischer AufstellerCoach*. Unveröffentlichtes Seminarskript.

Frankl, V. E. (1996). *Der leidende Mensch*. Bern: Verlag Hans Huber.

Frankl, V. E. (2007). *Ärztliche Seelsorge. Grundlagen der Logotherapie und Existenzanalyse*. München: Deutscher Taschenbuch Verlag.

Frankl, V. E. (2012). *Der Wille zum Sinn*. Bern: Verlag Hans Huber.

Gordon, C. (1996). *Therapeutische Mataphern*. Paderborn: Junfermann.

Grinder, J., & Bandler, R. (1995). *Therapie in Trance. Hypnose: Kommunikation mit dem Unbewussten*. Stuttgart: Klett-Cotta.

Grof, S. (1985). *Geburt, Tod und Transzendenz. Neue Dimensionen in der Psychologie*. München: Rowohlt.

Hellinger, B. (1994). *Ordnungen der Liebe. Ein Kurs-Buch*. Heidelberg: Carl-Auer.

Hellinger, B. (2010). *Ordnungen der Liebe: Überblick, wie die Liebe gelingt*. Hellinger Publication: Berchtesgarden.

Hillesum, E. (2006). *Das denkende Herz. Die Tagebücher von Etty Hillesum*. Hamburg: Rowohlt.

Isert, B., & Rentel, K. (2000). *Wurzeln der Zukunft: Lebensweg-Arbeit, Aufstellungen und systemische Veränderung*. Paderborn: Junfermann.

James, T., & Woodsmall, W. (2012). *Time Line. NLP-Konzepte zur Grundstruktur der Persönlichkeit*. Paderborn: Junfermann.

Jung, C. G. (1984). Archetyp und Unbewusstes. In H. Barz, U. Baumgardt & R. Blomeyer (Hrsg.), *Grundwerk C.G. Jung* (Bd. 2). Olten: Walter-Verlag.

Jung, C. G. (1986). Erinnerungen, Träume, Gedanken von C.G. Jung. In A. Jaffé (Hrsg.), *Erinnerungen, Träume, Gedanken von C.G. Jung*. Olten: Walter-Verlag.

Lang-von Wins, T., & Triebel, C. (2006). *Kompetenzorientierte Laufbahnberatung*. Heidelberg: Springer.

Lang-von Wins, T., & Triebel, C. (2011). *Karriereberatung. Coachingmethoden für eine kompetenzorientierte Laufbahnberatung*. Heidelberg: Springer.

Maslow, A. H. (1973). *Psychologie des Seins. Ein Entwurf*. München: Kindler.

Maturana, H. R. (1985). *Erkennen: Die Organisation und Verkörperung von Wirklichkeit. Ausgewählte Arbeiten zur biologischen Epistemologie*. Braunschweig: Vieweg.

Meier, R., & Storch, M. (2013). Coaching mit dem Zürcher Ressourcen Modell ZRM®. In E. Lippmann (Hrsg.), *Coaching* (S. 74–86). Heidelberg: Springer.

Merton, R. (1948). The self-fulfilling prophecy. *Antioch Review Jg., 8*, 193–110.

O'Connor, J., & Seymour, J. (1995). *Neurolinguistisches Programmieren. Gelungene Kommunikation und persönliche Entfaltung*. Freiburg im Breisgau: VAK.

Reck-Hog, U. (2011). *Wirksamkeitsstudie. Evaluation des Ausbildungslehrganges zum Coach und Berater nach dem St. Galler Coaching Modell*. Online: www.coachakademie.ch/studie. Freiburg im Breisgau: Institut für Sozialforschung und Organisationsberatung.

Satir, V. (1990). *Kommunikation – Selbstwert – Kongruenz. Konzepte und Perspektiven familientherapeutischer Praxis*. Paderborn: Junfermann.

Literatur

Satir, V. (2000). *Selbstwert und Kommunikation. Familientherapie für Berater und zur Selbsthilfe*. Stuttgart: Pfeiffer.
Schmidt-Tanger, M. (1998). *Veränderungscoaching: Kompetent verändern. NLP im Changemanagement, im Einzel- und Teamcoaching*. Paderborn: Junfermann.
Schunigl, D. (2014). *Erstellung einer wissenschaftlichen Studie zur Wirksamkeit des St. Galler Coachingmodells*. Online: www.coachakademie.ch/studie. Hochschule Neu-Ulm: Unveröffentlichte Bachelorarbeit.
Sheehy, G. (1982). *In der Mitte des Lebens. Die Bewältigung vorhersehbarer Krisen*. München: Kindler.
Sommer, H. (2013). *Die bedeutendsten Mystiker: Große Mystiker des Christentums aus zwei Jahrtausenden*. Wiesbaden: Marix.
Storch, M. (2009). *Motto-Ziele, S.M.A.R.T.-Ziele und Motivation*. In B. Birgmeier (Hrsg.), *Coachingwissen* (S. 183–205). Wiesbaden: VS Verlag.
Stumpf (1939). *Erkenntnislehre* (Bd. 1). Barth-Leipzig: Johann Ambrosius Barth.
Von Foerster, H., Von Glasersfeld, E., & Hejl, P. M. (1992). *Einführung in den Konstruktivismus. Veröffentlichungen der Carl-Friedrich-von-Siemens-Stiftung*. München: Piper.
Von Foerster, H., & Von Glaserfeld, E. (1999). *Wie wir uns erfinden. Eine Autobiographie des radikalen Konstruktivismus*. Heidelberg: Carl-Auer.
Wilber, K. (2009). *Integrale Vision: Eine kurze Geschichte der integralen Spiritualität*. München: Kösel.
Wilber, K. (2010). *Ganzheitlich handeln: Eine integrale Vision für Wirtschaft, Politik, Wissenschaft und Spiritualität*. Freiamt: Arbor.
Wilde, M. (2000). *Das neue Bild vom Gottesbild: Bild und Theologie bei Meister Eckhart*. Freiburg: Universitätsverlag.

	MIX
	Papier aus verantwortungsvollen Quellen
FSC	Paper from responsible sources
www.fsc.org	FSC® C105338

If you have any concerns about our products,
you can contact us on
ProductSafety@springernature.com

In case Publisher is established outside the EU,
the EU authorized representative is:
Springer Nature Customer Service Center GmbH
Europaplatz 3, 69115 Heidelberg, Germany

Printed by Libri Plureos GmbH
in Hamburg, Germany